KB259823

전월세 임대를 주거나
부모님과 따로 또 같이 사는 건물주형

캥거루 주택 투자법

부동산 연구회 지음

CONTENTS

“부모님이랑 가까이 살면

여러모로 도움도 받을 수 있을 텐데 따로 살자니 집 구할 때

돈이 많이 들고 같이 살자니 불편할 것 같아요.”

“자연 속의 주택에서 여유롭게 살고 싶은데 단독주택을

직접 짓기는 어렵고 사자니 너무 비싸서 엄두를 못 내겠어요.”

“은퇴하고 적당한 크기의 단독주택에서 사는 게 로망인데

나이가 더 들면 돈을 벌어들일 수입원이 없어서 걱정이에요.”

당신도 이런 생각을 하고 있지는 않은가요? 많은 사람들이 나만의 멋진 전원주택에서 살고 싶어 하지만 여러 현실적인 문제들 때문에 전원주택 생활은 이루어질 수 없는 꿈이라고 생각하며 좌절하기도 합니다.

그도 그럴 것이, 단독주택을 직접 건축하려면 토지를 구매해야 하고, 건축 설계부터 시공까지 큰 비용이 들어갑니다. 인테리어 업체도 직접 알아보고 맡겨야 합니다.

주택을 완공하고 나서도 하자가 생기면 직접 보수해야 합니다. 금액은 어디에 맡기느냐에 따라 천차만별이지만 아마 5억에서 6억 이상은 족히 잡아야 가능합니다. 하지만 자연 속의 전원주택에서 생활하면서도 꾸준히 임대수입을 얻을 방법이 있습니다.

이 책에서 알려드리는 방법을 이용하면 토지를 구매해야 할 필요도 없고, 1억 원대의 자금을 가지고서도 전원주택 생활을 할 수 있게 됩니다. 그것도 마당이 있고 천고가 높아 여유로운 느낌을 주는 집에서 침대에 누우면 멋지게 디자인된 주택들과 자연이 어우러져 펼쳐지는 환상적인 경치를 마음껏 감상하면서 말입니다.

이 책을 읽고 있는 당신도 이웃과 겪었던 사소한 신경전부터 지긋지긋한 전쟁, 그리고 복잡하고 소란스러운 생활에서 벗어날 수 있습니다. 아이도 마음 놓고 뛰어놀 수 있고 부모님과 공동육아를 하며 독박육아에서 탈출할 수 있습니다. 캥거루 주택에 살게 된다면 말입니다.

캥거루 주택은 하나의 큰 집 안에 작은 집이 포함된 형태로 꼭 어미 캥거루가 새끼 캥거루를 품고 있는 모습을 연상시키기에 붙여진 이름입니다. 그렇기 때문에 단독주택이지만 두 가구가 살 수 있어 작은 집은 임대로 주어 전·월세 수입을 얻거나 부모님을 모시고 살 수 있도록 설계되어 있습니다.

국내에도 캥거루 주택이 포함된 단지가 생겨 듀플렉스 주택과는 차별화된 새로운 트렌드를 이끌어 나가고 있습니다. 단순히 두 가구의 독립성을 강조한 것만이 아니라 방마다 각자의 다락으로 올라갈 수 있게 설계되어 가족 구성원들의 취미 생활과 휴식을 즐길 수 있는 재미있는 공간을 확보하였고 세입자도 마당이 딸린 전원주택 생활을 해볼 수 있는 등 이곳저곳에 특별한 설계가 적용되어 유명 전원주택 월간지에 소개가 된 바 있습니다.

이 주택의 설계를 통해 캥거루 주택은 어떻게 지어져야 하고 어떤 집이 좋은 캥거루 주택인지에 대해 좋은 예시들을 보여드릴 수 있을 것입니다.

그리고 캥거루 주택은 두 가구가 한 집에서 생활하지만

집에 들어가는 현관부터 분리되어 있어 프라이버시를 완벽하게 확보할 수 있는 주택입니다.

큰 집과 작은 집을 들어가는 입구가 다르기 때문에 작은 집을 세입자에게 임대하더라도 불편함 없이 지낼 수 있고, 시부모님과 살아도 각자의 층에 모든 설비가 완벽하게 갖추어져 있고 공동으로 공간을 활용해야 할 필요가 없이 각각 독립된 주택과 같기 때문에 서로 불편하게 지내며 고부갈등을 겪을 일이 없습니다.

하지만 이런 멋진 집을 사려면 돈이 많이 들 것 같다고 생각하고 있나요? 이 책은 단순히 캥거루 주택을 소개하는 책이 아닙니다.

적은 돈을 들이고도 이러한 캥거루 주택에서의 여유로운 생활을 즐길 수 있는 비법을 알려 드립니다. 당신이 보유하고 있는 자산에 맞게 캥거루 주택을 얻고 전략적으로 투자할 수 있는 최적의 방법도 아낌없이 공개하였습니다.

1억 원만 가지고는 내 집을 가질 수 없다고 생각하시나요? 아마 여기서 이 책을 덮는다면 아무 일도 일어나지 않을 것입니다. 언제나 그랬듯 평범한 집에 계속 살게 될 것입니다. 그저 전셋값이 오르지 않았으면 하거나 내 집 값이 언제 오르나 하고 기다리고만 있을 것입니다. 하지만 이 책을 끝까지 읽고 행동에 옮긴다면 남들은 생각지도 못했던 가격에 만족스러운 전원주택 생활을 시작하게 될 것입니다. 내가 사는 집에서 꾸준히 임대이익을 내면서 말입니다.

캥거루 주택 똑똑하게 사서 수익도 내고 즐거운 단독주택 생활을 즐기고 싶으시다면 지금 바로 책장을 넘겨 그 비법을 확인해 보시기 바랍니다.

국내 캥거루주택 조감도
(사진 : 경기도 이천 파티앤타운, 유타건축)

CONTENTS

01

내가 살고 싶은
캥거루주택 셀프체크리스트

1. 당신은 어떤 형태의 캥거루주택에서 살고 싶은가요?

2. 당신이 생각한 캥거루주택은 어떤 모습인가요?

3. 당신은 캥거루주택으로 어떻게 수익을 내고 싶은가요?

당신은 캥거루주택에서
어떻게 살고 싶은가요?

공기 좋고 풍경 좋은 곳의 전원주택에서 마당이 깔린 잔디밭에서 가족들과 둘러앉아 식사를 즐기는 모습을 상상하고 있나요? 하지만 실상 전원주택에 살아본 사람들은 또 전원주택이 꼭 그렇게만 좋은 것은 아니라고 이야기합니다.

물론 어느 집이든 살다보면 장단점이 보이게 마련입니다. 하지만 많은 사람들이 전원주택에서의 생활을 잘 모르고, 전원주택도 저마다 스타일이 다르고 생활양식이 크게 달라지게 되는데 이러한 점을 잘 고려하지 못하고 있다는 것이 가장 큰 문제입니다.

이런 상황에서 잘 모르고 주택을 짓거나 무턱대고 단독

주택이니 좋겠지 하면서 매매를 결정하는 것은 나중에 큰 후회를 불러올 수 있습니다. 그렇기 때문에 몇 가지 질문에 답해보며 내가 바라던 캥거루주택에서의 생활을 더 구체적으로 생생하게 그려보기 바랍니다.

아래 체크리스트를 혼자서 작성하기 보다는 주말 저녁가족과 함께 작성해보시는 것을 추천드립니다. 그리고 이를 네이버 카페 여주이천부동산 - "여이주" (http://cafe.naver.com/kog33335)에 사진을 찍어 올려주시거나 글로 작성해 올려주시면 전문가들이 이를 보고 많은 도움 줄 수 있을거라 확신합니다.

교통이 편리해야 하는가? 어떤 교통수단을 주로 이용하는가?

학교나 회사가 집과 꼭 가까워야 하는가?

이웃과 어울리는 것과 가족끼리만 지내는 것 중 어느 것이 좋은가?

세입자와 교류는 어느 정도 하고 지낼 계획인가?

마당에 정원을 꾸밀 것인가?

데크를 1층 마당이나 다락 옆에 설치할 것인가?

채광을 확보하는 것이 중요하다고 생각하는가?

집에 지인이나 친구들을 얼마나 자주 초대하고 싶은가?

아토피나 기관지에 해롭지 않은 자연환경에서 살고 싶은가?

아이들이 여러 또래들과 어울리는 것이 중요하다 생각하는가?

주방은 어떤 형태로 되어 있는 것이 좋은가?

목욕을 할 때 어떤 방식의 목욕을 즐기는 편인가?

나만의 작업실이나 서재 공간이 필요한가?

파티를 즐길 수 있는 야외 공간이 필요한가?

차는 몇 대를 보유하고 있으며, 앞으로 늘릴 생각이 있는가?

어떤 스타일의 인테리어를 하고 싶은가?

당신은 어떤 캥거루주택에
살고 싶은가요?

내가 꿈꾸던 주택에서의 생활을 구체적으로 생각해 보았다면 그런 생활을 하기 위해서 나에게 맞는 캥거루주택은 어떤 것인지에 대해 꼼꼼하게 따져볼 필요가 있습니다. 누구와 함께 살 것인지에 따라 공간의 분리되는 방법과 독립성도 달라지고 가족 구성원들이 어떤 공간을 원하느냐에 따라서 추가로 설계를 진행해야 하는 부분이 있을수도 있기 때문입니다.

특히 설계가 중요한 것이 건축을 한 번 하고나면 10년은 늙는다고 하는데 이러한 세심한 부분, 특히 기반시설이나 설비와 같은 일반적인 건축주들도 잘 모를 수 있는 부분이나 건축 면적과 공간 활용 등 다양한 것들을 건축주가 결정해야 합니다.

만약 캥거루주택을 산다고 하더라도 내가 분양받을 캥거루주택이 나에게 잘 맞는지, 공용공간이 어떻게 설계되어 있는지와 같은 부분은 잘 따져보아야 할 것입니다. 그러니 다음에 나올 질문들을 보고 진지하게 생각해보며 내가 살고 싶은 구체적인 캥거루주택의 형태를 생각해 보기 바랍니다.

캥거루주택의 설계기간과 설계, 인허가에 드는 비용은 정했는가?

착공예정일과 입주예정일은 언제로 하고 싶은가?

캥거루주택의 건축면적과 층수는 정했는가?

캥거루주택에서 가구를 어떻게 분리할 것인가?

캥거루주택의 현관은 몇 개로 하며, 어느 위치에 배치할 것인가?

캥거루주택의 건축구조는 정했는가?

캥거루주택 외부에 대문과 담장을 어떻게 설치할 것인가?

캥거루주택 마당에 조경을 한다면 예산을 얼마로 잡을 것인가?

주차장에 주차 가능한 차량 대수는 몇 대로 할 것인가?

IOT 장치나 보안장치는 어떻게 할 것인가?

에어컨과 공조시스템은 어떻게 배치할 것인가?

캥거루주택의 방 배치를 나중에 변경할 수 있는 집이 좋은가?

캥거루주택의 창 크기와 개수는 어느 정도가 적당한가?

작은 방의 개수는 몇 개로 할 것인가?

당신은 캥거루주택으로
어떻게 수익을 내고 싶은가요?

캥거루주택에 세입자를 들이게 된다면 초기에 캥거루주택을 구입할 때 드는 비용을 크게 절감할 수도 있고 은퇴 후 꾸준한 월세소득으로 안정적인 생활을 영위할 수도 있습니다.

그리고 캥거루주택의 입지가 좋고 주변 환경이 좋으며 여러 가지 여건이 받쳐줄 경우 캥거루주택 자체의 가치가 높아져 좋은 가격에 팔아 시세차익을 남기게 될 수도 있습니다.

이렇게 수익을 낼 수 있는 돈이 되는 캥거루주택을 갖고 싶으시다면 캥거루주택을 짓거나 사기 전부터 여러 부분에서 염두에 둘 점들이 있습니다. 이 책에서 드리는 질문

을 통해 나는 어떤 방법으로 캥거루주택에 투자하고 수익
을 낼 수 있을지에 대해 스스로 답을 찾아보기 바랍니다.

토지가 아직 없다면 예산은 어느 정도로 생각하는가?

어느 지역의 캥거루주택에 투자할 것인가?

근처에 해당 캥거루주택 말고도 수익형 주택이 많은가?

사고자 하는 캥거루주택의 교통은 좋은 편인가?

인근 초등학교와 중학교는 도보로 몇 분 걸리는가?

캥거루주택 주변에 마트가 가까이 있는가?

캥거루주택 인근에 어떤 호재가 있는가?

앞으로 캥거루주택 인근 부동산 전망은 어떻게 보는가?

사려는 캥거루주택이 보일러가 두 대로 구분되어 있는가?

캥거루주택 각 가구의 가스와 계량기가 나누어져 있는가?

분양받는 캥거루주택의 시공사가 믿을 만한 곳인가?

캥거루주택의 건축 마감 퀄리티가 좋은가?

월세와 전세 중 어떤 임대방식을 선택할 것인가?

어떤 세입자를 받고자 하는가?

그 세입자와 같은 사람들은 주로 어느 지역을 선호하는가?

나는 캥거루주택 외에 다른 주택을 보유하고 있는가?

캥거루 주택에 대해서 위 리스트를 전부 작성하셨다면 여주이천부동산(http://cafe.naver.com/kog33335)나 실내건축대학교(http://cafe.naver.com/monsternet)에 와서 해당 사항을 사진을 찍거나 글로 남겨주시면 견적과 관련해서 상담을 하실 수 있습니다.

02

투자 금액별
캥거루주택 입주 노하우

1. 1억원 ~ 2억원대 어떻게 투자할 것인가?

2. 2억원 ~ 3억원대 어떻게 투자할 것인가?

3. 3억원 ~ 5억원대 어떻게 투자할 것인가?

1억원 ~ 2억원대
어떻게 투자할 것인가?

세 살짜리 딸을 키우고 있는 은주 씨는 아이의 아토피 때문에 늘 걱정이 태산입니다. 아이의 목이며 팔다리가 아토피 습진으로 빨갛게 부어올라 있는데 병원에 데리고 가자니 스테로이드제를 오래 처방받으면 아이의 건강에 좋지 않을까 염려하고 있습니다.

하지만 딸아이를 쳐다보는 사람들이 아이가 아토피냐고 물어볼 때마다 기분이 착잡합니다. 거기게 한 술 더 떠서 한 마디씩 건네는 참견과 좋지 않은 시선 때문에 은주 씨 뿐만 아니라 딸아이마저 위축된 모습을 보이고 있는 것 같아 마음이 좋지 않습니다. 그래서 자연치유를 하기 위해 전원생활을 하기로 결정했습니다.

하지만 전원주택을 알아보니 가격대가 만만치 않았습니다. 전세로 살아도 3억은 있어야 한다는 말에 무슨 전세비가 그렇게 비싼가 하고 한숨을 내쉬던 은주 씨는 평소 부동산에 관심이 많은 지인의 소개로 함께 한 단독주택단지를 방문하게 되었습니다.

'단독주택이 다 똑같은 거 아닌가?' 하고 심드렁하게 주택 모형을 바라보던 은주 씨의 귀에 들어온 한 마디 말은 은주 씨를 깜짝 놀라게 하기에 충분했습니다.

"이 캥거루주택은 1억 원 대 자금만 있어도 분양받을 수 있습니다."

은주 씨는 깜짝 놀라 다시 한 번 똑같이 되물었습니다.

"캥거루주택을 1억 원대에 분양받을 수 있다구요? 전세도 아니고 내 집을요?"

은주 씨는 어안이 벙벙해졌습니다. 다른 곳에서 단독주택을 알아보면 대출을 받더라도 내가 갖고 있는 자금으로는 한참 부족했기 때문입니다. 직원이 알려준 방법대로라면 확실히 내 자금이 적더라도 충분히 이 캥거루주택을 얻을 수 있을 것 같았습니다. 게다가 내부를 살펴보니 세입자와 살더라도 공간이 분리되어 있어 불편하지 않을 것 같았습니다. 아이가 놀기에도 집의 설계가 독특하고 재미있게 생겨 정서적 발달에도 도움이 될 것이라는 생각이 들었습니다.

한참을 캥거루주택 모형과 내부를 살펴보다가 은주 씨는 집으로 돌아가 남편과 함께 캥거루주택에 대한 이야기를 나눴습니다. 상의 끝에 은주 씨네 가족은 캥거루주택 가계약을 하기로 했습니다. 가계약을 하면서 1층은 전세로 내놓겠다고 하는 것도 잊지 않았습니다.

몇 주 뒤, 전세 입주를 희망하는 세입자가 나타났다고 부동산에서 연락이 왔습니다. 전세로 들어오려고 하는 사람들은 신혼부부인데 미리 전원주택 생활을 해보는 것도 좋을 것 같아서 알아보다 좋은 곳을 찾았다면서 말입니다.

아마 신혼부부가 들어오게 된다면 비슷한 나이 대이기 때문에 함께 오고 가면서 수다도 떨고 같이 마당에서 파티를 하는 등 재미있게 살 수 있지 않을까 하는 기대감이 생겼습니다. 아이도 있다면 아마 더 공감대도 많이 형성되고 함께 육아를 하면서 도움도 많이 될 것입니다.

은주 씨는 이제 마음의 여유를 갖고 가족들과 자연 속에서 건강한 전원 라이프를 즐길 수 있다는 생각에 기대감으로 입주할 날만 손꼽아 기다리고 있는 중입니다. 과연 은주 씨는 어떻게 서울 원룸 전세 가격으로 캥거루주택의 집주인이 될 수 있었을까요?

사실 1억 원 대의 자금으로 단독주택을 사는 것은, 그것도 새로 분양받는다는 것은 거의 어렵습니다. 수도권과 멀리 떨어진 시골이 아니면 모르겠지만 말입니다. 하지만 전세로 임대를 놓을 수 있는 캥거루주택의 특성 덕분에 경기권에 있는 전원주택을 분양받을 수 있는 것입니다.

왜 캥거루주택을 사면 적은 자금으로도 내집 마련이 가능해질까요? 무엇보다도 캥거루주택의 설계구조가 세입자가 함께 지내더라도 불편함을 느끼지 않도록 잘 설계되어 있기 때문입니다. 하나의 집에서 같이 산다면 다소 불편할 수도 있겠으나 현관부터 분리된 공간을 가질 수 있기 때문에 세입자들도 부담을 갖지 않을 것입니다.

그리고 이렇게 세입자를 받을 수 있다면 주택을 살 때 내 자금과 전세금으로 일단 계약금과 중도금을 내고 나머지는 대출을 받아 차차 상환하면 됩니다. 남의 집에서 살면서 월세를 꼬박꼬박 내는 것보다는 그만큼의 대출이자를 갚아 나가고 내 집을 보유하고 있는 것이 장기적으로 보았을 때 낫습니다.

또한 대출이자나 전세금과 관련된 문제를 해결할 정도의 경제적 여력이 생긴다면 그 다음부터는 본인이 원하는 형태로 전세를 주거나 월세를 주어 상황에 맞게 임대수익을 낼 수 있습니다. 그도 아니라면 1층 공간을 작업실이나 공방으로 만들어 단지 내나 그 주변 사람들을 통해 내가 직접 수익을 만들 수도 있고 가족들과 충분히 시간을 보낼 수 있는 공용공간으로 꾸며 가족간의 관계를 돈독하게 다질 수도 있습니다.

그리고 세입자가 어떤 사람인지에 따라서도 라이프스타일에 변화를 줄 수 있습니다. 새로운 세입자가 내 나이 또래라면 좀더 공감대가 생기고 가까이 지내기도 좋을 것입니다. 특히 육아를 하다보면 몸도 고되고 계속 집에만 있으니 외로움을 느끼고 외부와 단절된 느낌을 받게 마련인데 특히 세입자의 자녀와 내 자녀의 나이가 비슷하다면 더 좋을 것입니다.

마당에 작은 풀장을 설치해 함께 놀기도 하고 부모들끼리 서로 육아를 돕기도 하고 아이들과 가족들이 함께 식사하고 같이 시간을 보내며 핵가족의 형태에서는 느낄 수 없었던 더 확장된 형태의 인간관계를 체험하고 그 속에서 즐거움을 누릴 수 있을 것입니다.

2억원 ~ 3억원대
어떻게 투자할 것인가?

대기업을 다니다 육아휴직기간동안 집에서 아이를 돌보고 내년부터 다시 일하게 된 미경 씨는 아이를 어디에 맡겨야 할지 난감합니다. 아직 아이를 어린이집에 맡기기에는 아이가 너무 어리기도 하고 또 어린이집에서 아이를 잘 돌봐주는지 믿을 수가 없기 때문입니다. 정부에서 지원하는 아이 돌봄 서비스도 알아봤지만 절차도 복잡하고 경우에 따라 서비스를 받기 어려운 경우가 있다고 합니다.

그래서 집으로 와서 아이를 돌봐주는 베이비시터를 고용하려 알아봤는데 근무하는 시간동안 맡겨놓으면 계산해 보니 한 달에 베이비시터 급여로 200만원이 넘게 나가는 것입니다. 월급이 베이비시터 급여를 주고도 충분이 남을 정도로 아주 높은 편이 아니라 배보다 배꼽이 더 큰 판에 미경 씨는 육아 문제를 어떻게 해결해야 할지 고민에 머리를 싸매고 있습니다.

이런 미경 씨를 보다못한 미경 씨의 부모님이 같이 사는 것은 어떻겠냐고 이야기를 꺼냈습니다. 아무래도 자기 손주인데 매일매일 보면 좋고 또 끔찍이 아끼는 만큼 잘 돌봐 줄 수 있지 않겠냐며 말입니다. 하지만 미경 씨는 부모님이 돌봐 주신다면 아이를 맡기는 문제는 해결되지만 어떻게 같이 살아야 할지 또 다른 걱정이 생겼습니다. 아무래도 남편의 입장에서는 장인장모님과 함께 사는 것이 불편할 수도 있기 때문입니다.

그러던 어느 날, 미경 씨는 지역 커뮤니티를 보다가 우연히 캥거루주택이라는 것을 알게 되었습니다. 안그래도 미경 씨의 부모님은 예전부터 전원주택을 짓고 사는 것에 관심이 많으셨기 때문에 주택에서 함께 사는 것도 괜찮게 여기실 것 같다는 생각이 들었습니다.

그리고 일반적으로 전원주택을 2층 내지 3층으로 짓는 것이 대부분인데 캥거루주택으로 지어 1층은 부모님의 공간으로, 2층과 다락을 미경 씨의 가족이 생활하는 공간으로 나누어 놓는다면 부모님도 주택을 관리하거나 생활하면서 계단을 오르내릴 일이 없으니 거동이 불편하시게 되더라도 지내기에 좋을 것 같았습니다. 그리고 무엇보다도 미경 씨가 알아본 캥거루주택은 현관을 합칠 수도, 분리할 수도 있어 부모님과 함께 지내더라도 현관을 분리하면 너무 가까이에서 붙어 사는 느낌은 나지 않을 것이기에 남편도 그 정도면 어색하지 않게 가끔씩 미경 씨의 부모님과 왕래하며 지낼 수 있을 것입니다.

하지만 옆집도 아니고 바로 같은 주택에 사니 미경 씨가 출근을 하면서 아이를 부모님께 맡기고 양육을 부탁드릴 수 있어 이런 캥거루주택이 바로 지금 상황에 있어 적절한 대안이라는 확신이 들었습니다.

그래서 미경 씨는 부모님과 함께 캥거루주택이 있는 곳을 보러 가기로 했습니다. 일단 입지를 살펴보았는데 차로 다닌다면 생활하는 데도 무리가 없을 것이고, 무엇보다도 차를 지하철역 주차장에 주차하고 지하철을 이용해 서울까지 금방 이동할 수 있다는 점이 마음에 들었습니다.

그래서 부모님과 미경 씨가 살던 집을 빼는 비용으로 충분히 캥거루주택 매매비용을 충당할 수 있어 계약하기로 결정했습니다. 전원주택 건축을 알아보셨던 부모님은 예전에 알아보던 단독주택 견적보다 저렴한 가격에 놀라면서 이제 매일 손주를 보면서 재밌게 살 수 있겠다고 좋아하셨습니다. 미경 씨 부부가 갖고 있던 자금은 2억 원 정도였는데 어떻게 캥거루주택에 살 수 있었을까요?

자녀 가구가 모아놓은 돈이 어느 정도 있고 또 부모 가구에서도 모아놓은 자산이 있는 경우라면 두 가구가 캥거루주택에 함께 살면서 자산을 합쳐 구매하는 것도 가능합니다. 명의를 자녀 가구 앞으로 하고 부모 가구를 전세 임대를 준 형태로 하면 소유권 문제가 없습니다.

이런 경우에는 부모님과 자산을 합쳐서 입주할 수 있기 때문에 캥거루주택을 구입하는 비용의 부담을 크게 줄일 수 있습니다.

그리고 만약 나중에 부모님과 함께 살지 않게 된다면 비는 공간을 새롭게 바꾸어 가족의 취미공간을 즐길 수 있는 공간이나 작업실로 꾸미거나 사무실 등의 상가 임대, 주거 공간으로의 임대를 주는 것도 가능합니다. 만약 아이들이 좀더 커서 캥거루주택 한 집을 온전히 한 가구가 쓰고 싶다면 분리된 현관을 연결시켜 한 집으로 이어주면 됩니다. 캥거루주택의 매력은 이렇게 주택의 용도를 다양하게 변경할 수 있다는 점에 있습니다.

게다가 다른 세입자가 아닌 부모님과 함께 살게 될 경우 부모님이 손주를 직접 돌봐주시기 때문에 아이를 공동양육하면서 얻을 수 있는 이점이 많습니다. 일단 다른 시설이나 서비스에 아이를 맡기는 데 드는 비용을 절감시킬 수 있고 부모님이 내가 없는 시간동안 아이를 돌봐주실 수 있기 때문에 믿고 맡길 수 있다는 점이 가장 큰 장점입니다. 그리고 아이가 조부모로부터 교육을 받을 수 있기 때문에 인성적인 측면에서도 도움이 됩니다.

그리고 부모님과 함께 생활할 경우 캥거루주택에서 최소 어느 정도의 기간만큼 거주할 것인지를 염두에 두고 캥거루주택의 입지를 정해야 합니다. 아마 대부분 이러한 상황에서는 출퇴근이 어느정도 용이한 곳이기만 하면 충분합니다. 서울 외곽이라면 큰 도로가 있거나 지하철까지의 연결성이 좋은 곳이라면 최적의 위치가 될 것입니다.

내 자금이 2억에서 3억 정도 된다면 다른 가구에서 나오는 임대수입을 이용해 캥거루주택을 구입하는 데 거의 부담을 들이지 않을 수 있고 부모님을 모시며 살기에도 적합한 자금규모입니다. 그러니 두 가구가 독립적으로 살면서도 또 함께 왕래하며 지낼 수 있는 캥거루주택에 관심이 있다면 캥거루주택을 구입하는 것도 좋겠습니다.

3억원 ~ 5억원대
어떻게 투자할 것인가?

50대 중반의 자영업을 하고 있는 성훈 씨는 부부 둘이서 지낼 수 있는 전원주택을 지으려 여기저기서 정보를 알아보고 있습니다. 이제 직장에 다니는 딸과 대학생인 아들은 자취를 하고 있기 때문에 가끔의 경우를 제외하고는 대부분의 시간을 부부 둘이서만 지내게 될 것입니다. 그래서 아내의 바람대로 공기 맑고 경치 좋은 곳에 전원주택을 지어주겠노라고 장담했습니다.

그런데 일단 토지를 알아보러 다니는 것에서부터 막혔습니다. 토지를 직접 사려면 알고 있어야 할 것이 너무 많았던 것입니다. 얼마 전에는 지인이 땅을 사서 토목공사를 하려고 땅을 팠더니 쓰레기가 한무더기 나오더라는 말을 들은지라 내가 좋은 땅을 고를 수 있을까 하는 걱정이 들었습니다. 게다가 지방으로 갈수록 같은 면적의 토지라도 지을 수 있는 집의 면적이 좁아 효율성이 떨어질 것 같았습니다. 아무래도 넓은 마당을 관리하기에는 힘이 들 것 같기 때문입니다.

게다가 건축비용도 문제였습니다. 건축사에 문의를 해보니 건축비용만 드는 것이 아니라 그 전에 건축 허가에 드는 비용이며 설계비까지 내야 진행을 할 수 있다는 것입니다. 또 집을 다 짓고 나면 인테리어도 해야 하기 때문에 좋은 것으로 고르다 보면 비용이 한도끝도 없이 들겠다 싶었습니다. 성훈 씨는 땅이 꺼져라 한숨을 내쉬었습니다.

'우리 가족에게 딱 맞는 주택을 살 수는 없을까?'

그러다 성훈 씨는 평소 건축에 대한 정보를 얻던 카페에서 다가구주택에 대한 정보를 알게 되었습니다. 1층과 2층이 분리된 캥거루주택인데 둘다 현관이 독립되어 있어 1층은 개인사무실로 써도 괜찮을 것 같다는 생각이 들었습니다. 다락방은 아내가 취미생활을 할 수 있도록 꾸며준다면 아주 좋아할 것 같았습니다. 그래서 성훈 씨는 캥거루주택이 있는 주택단지를 분양받고자 상담을 요청했습니다.

성훈 씨의 경우 캥거루주택을 사기에는 충분한 자금을

갖고 있었습니다. 그래서 캥거루주택과 함께 단지 내에 있는 풀빌라에 투자하는 것을 추천받았습니다. 성훈 씨는 수익형 부동산에 대해서도 관심이 가던 차에 딱 맞는 부동산을 찾은 느낌이었습니다.

예전부터 노후 대비를 위한 수익형 부동산을 알아보고는 있었지만 전원주택을 짓는 예산을 많이 생각하고 있어서 엄두도 못 내던 일이었기 때문에 갑자기 하루에도 수익을 낼 수 있는 풀빌라를 분양받을 여유가 생겼다는 것에 뛸 듯이 기뻤습니다.

게다가 내가 직접 관리를 할 필요가 없다는 것도 큰 장점이었습니다. 한 번은 원룸 건물을 사서 월세 수익을 낼까 생각했던 적도 있었는데 풀빌라를 분양받으면 내가 청소하고 관리할 필요 없이 전문 관리업체에서 전적으로 관리를 해준다 하니 나이가 들어도 힘들이지 않고 수익을 낼 수 있어 좋겠다는 생각이 들었습니다. 성훈 씨처럼 주택 한 채를 지을 가격에 캥거루주택과 수익형 풀빌라까지 소유할 수 있는 방법이 궁금하지 않으신가요?

많은 사람들이 나만의 단독주택에서 여유롭게 살고 싶다는 생각을 합니다. 특히 40대 내지 50대 정도라면 자금도 어느정도 확보가 되기도 하고 노후 대비를 위해 전원주택에 관심을 갖는 사람들이 늘어납니다.

하지만 이렇게 전원주택의 로망을 가진 사람들이 많아지고 있으나 '내 집 짓다가 10년 늙었다'라는 말이 심심찮게 나오듯이 내 집을 직접 건축하는 것은 그만큼 어려운 일이라는 것을 의미합니다. 건축의 '건' 자도 모르던 사람들이 하루아침에 건축의 전 과정을 이해한다는 것도 쉽지 않고 건축물의 기본 골조나 자재, 인테리어, 조경 등 건축 전반의 다양한 부분을 알기에는 어려움이 있습니다.

더 큰 문제는 업체를 통해서 건축을 진행하더라도 좋은 업체가 어디인지 몰라 이 업체를 선정하는 단계에서부터 고민을 많이 하게 된다는 것입니다. 질이 좋지 않은 악덕업체를 만날 경우 내 건축비용을 떼먹히는 안타까운 경우도 적지 않으니 조심하고 또 조심해야 할 문제입니다.

게다가 건축을 하려면 토지가 있어야 하는데 토지 선정부터 건축주가 해야 할 일이 너무 많고 토지를 사더라도 주택을 지을 수는 있는지, 주택은 최대 어느 정도의 면적으로 지을 수 있는지조차도 다 알아보아야 합니다. 그런데 이렇게 직접 짓는 것이 분양을 받는 것보다 건축비용이 더 많이 든다면, 그래도 직접 주택을 건축하고 싶은가요?

물론 획일화된 주택단지의 컨셉이나 인테리어 대신 오로지 우리 가족만을 위한 주택이 필요한 경우도 있습니다. 하지만 그런 경우가 아니라면 노후 대비로 캥거루주택도 임대수익을 꾸준히 얻을 수 있는 수익형 주택으로 선택할 만한 것입니다.

앞의 사례에서는 캥거루주택을 사는데 자금을 모두 투자하지 않고 수익형 풀빌라까지 계약하여 추가적인 임대수익을 보장받고자 했는데 수익형 풀빌라의 경우 거주하는 주택이 아니고 가족단위로 놀러오거나 연인들끼리 휴양을 즐기기 좋은 곳이고 프라이빗한 공간에서 여유롭게 놀 수 있는 곳이기에 여행코스로 인기가 있을 것입니다.

수익형 풀빌라의 경우 한 달이 아니라 하루에 수십 만원의 임대수익을 얻을 수 있기 때문에 캥거루주택을 내 돈으로 살 여력이 충분히 있다면 캥거루주택의 일부를 전세로 놓고 풀빌라에 투자하는 것도 더 안정적인 수익구조를 늘리는 방법입니다. 이렇게 매일매일 임대수익을 낼 수 있는 풀빌라에 대해서는 다음 시리즈에서 자세히 다룰 예정이니 풀빌라 투자법이 궁금하신 분들은 다음 책을 읽어보시면 더 도움이 될 것입니다.

03

캥거루주택에 대해 자주하는 질문 13가지

1. 캥거루주택 투자자금 얼마나 준비해야 할까요?

2. 캥거루주택의 종류에는 어떤 것들이 있나요?

3. 다가구주택과 캥거루주택의 차이점은 무엇일까요?

4. 부분임대형 아파트랑 캥거루주택이랑 뭐가 다른가요?

5. 땅콩주택과 캥거루주택, 뭐가 더 좋을까요?

6. 상가주택과 캥거루주택 중 무엇이 더 유리할까요?

7. 캥거루주택 시공사는 어떻게 고르는 것이 좋을까요?

8. 캥거루주택에도 설계비용을 많이 들여야 할까요?

9. 캥거루주택 관리는 누가 할까요?

10. 캥거루주택 공실이 생기지 않으려면 어떻게 대처해야 할까요?

11. 캥거루주택 직접 짓는 것과 분양받는 것 중 어느 것이 나을까요?

12. 캥거루주택에 내가 살지 않는 경우는 어떻게 대비해야 할까요?

13. 친정엄마와 시어머니, 누구랑 살아야 할까요?

캥거루 주택 투자자금
얼마나 준비해야 할까요?

캥거루 주택을 통해 전·월세 임대이익을 낼 수 있다는 것을 알게 되신 분들은 캥거루 주택만의 매력을 알고 문의를 하곤 하십니다. 그런데 캥거루 주택에 관심을 두고 문의를 하시는 분 중 대부분은 대뜸 이것부터 물어보시곤 합니다.

"캥거루 주택을 합리적인 가격에 사는 방법이 있다는데 맞나요? 그렇다면 캥거루 주택을 사는 데 필요한 자금은 얼마나 있어야 할까요?"

사실 캥거루 주택 또한 단독주택의 일종이기에 결코 매

우 저렴한 가격은 아닐 것입니다. 그리고 캥거루 주택도 어느 지역에 지어진 주택인지, 주택 부지와 건평 수가 얼마나 되느냐에 따라서 가격은 천차만별일 것입니다. 하지만 경기도 쪽만 잘 살펴보더라도 생각보다 합리적인 가격에 매매가 가능한 캥거루 주택도 있습니다.

아무리 서울 외곽지역이라고 해서 교통편이나 시설의 편리함을 모두 포기할 필요는 없습니다. 이러한 기반 시설과 교통이 갖추어진 곳에서 여유로운 전원주택 생활을 즐기는 것, 그것도 서울의 원룸 전셋값으로 나의 캥거루 주택을 장만하는 것이 가능합니다.

어떻게 1억 원대의 자금으로 캥거루 주택을 살 수 있냐고 물어볼지도 모르겠습니다. 구체적으로 어떤 방법을 통해 캥거루 주택을 저렴하게 장만해 시세차익과 임대수입의 이점을 얻을 수 있게 될지에 대해서는 책 전반에 걸쳐 자세히 다루도록 하겠습니다.

단순히 캥거루 주택을 사는 것에 초점을 두는 것이 아니라 내가 가진 자금의 규모에 따라 현명하게 캥거루 주택을 구매하고 투자하는 방법에 대해서까지 알려드릴 것입니다. 그러니 계속해서 책을 넘기면서 그 해답을 찾아 나가시기 바랍니다.

캥거루주택의 종류에는
어떤 것들이 있나요?

캥거루 주택은 부지의 구조와 건축상 제약에 따라 설계의 방법이 달라지기에 종류를 명확하게 나누어 구분을 짓기에는 무리가 있습니다. 하지만 캥거루 주택은 분리형 다가구 주택인데 어떠한 형태로 분리를 하느냐에 따라 나누어 볼 수는 있겠습니다. 캥거루 주택의 가구 분리 방법에는 상층과 하층으로 가구를 분리하는 상하 분리형 캥거루 주택과 세로로 벽을 두어 분리하는 좌우 분리형 캥거루 주택이 있습니다. 상하 분리형 캥거루 주택과 좌우 분리형 캥거루 주택의 장단점을 비교해 보도록 하겠습니다.

1. 상하 분리형 캥거루 주택

대부분의 캥거루 주택이 상하 분리형에 해당합니다. 상하 분리형의 경우 대체로 1층을 부모님이 살게 하고 2층과 3층, 또는 2층과 다락 층을 성인 자녀가 사는 것이 대부분의 배치입니다. 하지만 이것은 부모님이 거동이 불편하기 때문이지 꼭 그렇게만 설계하라는 법은 없습니다.

캥거루 주택이 만약 밀집되어 있어 있다면 햇빛이 1층까지 잘 들지 않고 통풍이 원활하게 되지 않을 것입니다. 이러한 상황에서는 부모님이 밝고 바람이 잘 통하는 쾌적한 위층에 사시도록 설계할 수도 있습니다.

하지만 이런 사례는 흔치 않을뿐더러 부모님이 고령이 될 상황을 고려해 나중에라도 승강기를 설치할 수 있도록 설계되어 있어야 할 것입니다.

하지만 대부분의 경우 상하 분리형 주택의 위층에 자녀 세대가 살게 됩니다. 부모님의 경우 계단을 통해 오르내리는 것이 부담스럽기 때문입니다. 대부분의 캥거루 주택이 목조주택에 해당하는데 이러면 아이가 뛰어다니면서 발생하는 소음 문제를 완전히 해결하는 것이 어렵습니다.

그래서 1층에 거주하는 부모님이나 세입자가 소음 문제로 스트레스를 받을 수 있다는 것이 상하 분리형 캥거루

주택의 단점이라 할 수 있겠습니다.

2. 좌우 분리형 캥거루 주택

좌우 분리형 캥거루 주택은 흔하지 않지만 듀플렉스 주택과도 비슷한 점이 많습니다. 부모님과 3대가 함께 살 수 있기도 하고 좌우로 분리하여 1층부터 3층까지 모두 이용할 수 있기에 형제나 마음이 맞는 사람들끼리 함께 살기에도 좋기 때문입니다.

좌우 분리형 캥거루 주택의 경우 독립성이 높고 층간소음에 대한 문제로 갈등을 겪을 일도 없습니다. 게다가 독립성이 높다는 점은 임대 전환이 용이하여 수익화하기 쉽다는 큰 장점이 있습니다.

다만 좌우 분리형으로 지을 경우에는 비효율적인 부분도 발생하고 비용이 많이 들게 마련입니다. 일단 계단을 양쪽 가구에 각각 만들어 주어야 하므로 내부 생활공간의 면적이 좁아지게 되는 것입니다.

계단이 주택 내부에 두 개나 있는 것이기 때문에 여기에 들게 되는 면적이 작지 않을 것입니다. 이런 식으로 건축을 하다 보면 사실상 하나의 주택이지만 실질적으로 건축비는

거의 주택 두 채를 짓는 데 드는 비용에 가깝게 들여야 할
수도 있다는 것이 가장 큰 단점입니다.

다가구주택과 캥거루주택의
차이점은 무엇일까요?

사실 캥거루 주택 또한 다가구주택의 일종으로 볼 수 있습니다. 하지만 다가구가 한 주택에 살도록 설계하는 방식 중에 캥거루 주택이 특징이 뚜렷하면서 집주인이 원하는 용도에 맞게 주택의 공간을 활용할 수 있다는 점에서 일반적인 다가구주택과 따로 나누어 다루어 볼 만하다고 생각됩니다.

그래서 이번에는 다가구주택의 유형에 대해 알아보고 다가구주택 중에서도 캥거루 주택의 특징에 대해 알아보겠습니다. 여기에서 말하는 다가구주택은 2가구 이상의 복수의 가구를 뜻하지만 편의상 2가구 주택에 상황을 한정시켜 이야기해 보도록 하겠습니다.

다가구주택은 그냥 하나의 주택에 여러 가구가 사는 형태이기에 그 안의 방의 개수나 배치, 설계 등은 상관이 없습니다. 그래서 다가구주택의 설계에는 크게 2가구가 함께 생활할 수 있게 하는 동거형 설계, 일부 공간을 분리한 공유형 설계, 공유하는 공간이 없는 완전 분리형 설계, 이외에도 추가적인 요소를 넣어 설계한 특수형 설계 등이 있습니다.

1. 동거형 다가구주택

동거형 설계는 3대에 걸친 대가족이 하나의 가족으로 소통하며 지낼 수 있는 공간을 만들어 줍니다. 주방이나 욕실까지 모두 공유하는 형태로 되어 있을 뿐만 아니라 가족의 적극적인 커뮤니케이션을 위한 설계가 포함됩니다. 가족들이 자연스럽게 한곳으로 모이게 되도록 공간을 설정하는 센스가 있다면 좋고 정원이나 옥상과 같이 소통을 위한 외부 공간을 만들어 둘 수도 있습니다. 또한 가족들 모두 같은 취미를 즐길 수 있는 공간을 둔다면 더할 나위 없이 좋을 것입니다. 주방, 거실, 욕실 등을 공유하고 있기 때문에 건축비나 인테리어비를 아낄 수 있다는 경제적인 측면에서의 장점도 있습니다.

하지만 한 가족끼리 생활하더라도 두 가구가 함께 사는 만큼 최소한의 사생활은 지켜질 수 있도록 해야 합니다. 그리고 야간에는 늦게 집에 들어와서 집 안을 다니는 가족 때문에 다른 가족들이 휴식을 방해받거나 잠을 설치게 되는 일을 미연에 방지하기 위해 아래층의 방과 위층의 방 배치를 신경 써서 구성해야 합니다.

쿵쿵거리는 발소리나 물소리 등의 생활소음을 최소화하기 위한 설계가 잘 되어 있는지 살펴보아야 할 것입니다. 특히 목조주택이라면 발소리가 더 잘 울릴 수 있으니 유의해야 합니다.

게다가 동거형 다가구주택에서는 가족 구성원 간의 배려가 더 많이 요구됩니다. 특히 살림과 크게 관련된 주방을 공유하다 보면 부모 세대와 자녀 세대의 갈등이 생길 수 있습니다. 특히 시부모님과 함께 생활할 경우 고부갈등의 문제가 발생하고 더 심각해질 수 있기에 이러한 부분에서 서로에 대한 배려가 중요하게 작용할 것입니다.

캥거루 주택이라면 분리형 주택이기 때문에 부모님이 자녀 가구의 살림에 간섭할 일이 거의 없어 이러한 상황은 벌어지지 않을 것입니다. 부모님과의 마찰이 우려된다면 동거형 다가구주택은 권하지 않습니다.

2. 공유형 다가구주택

공유형 설계의 경우 가족의 라이프 스타일에 따라 어느 공간을 공유할 것인가, 그리고 어느 만큼 공유할 것인가가 중요해집니다. 동거형 다가구주택과 달리 적당히 가족들 간에도 거리를 유지하면서 편안함을 느낄 수 있다는 점이 좋습니다. 공유형 다가구주택의 경우 사실은 분리된 다가구주택의 형태를 원하지만 주택의 공간 배치와 활용 상의 문제로 공간을 더 효율적이고 넓게 쓰고 싶어 일부 공간을 공유하게 되기도 합니다. 가장 적은 공간을 공유하는 주택의 경우 현관을 공유합니다.

현관의 경우 길게 머무르는 공간이 아니기 때문에 서로가 마주치게 되는 경우를 최소한으로 줄일 수 있고 일상생활에 큰 지장이 없습니다. 하지만 잠깐 현관에서 머무르는 시간 동안 자연스럽게 가족들과 만나 교류를 할 수 있는 매개장치가 되기도 하므로 불편함 없이 지낼 수 있습니다.

현관에는 물건을 일시적으로 두어 보관하거나 집안에 가지고 들어올 수 없는 물건들을 수납하기도 하므로 이 공간을 충분히 마련해야 합니다.

특히 두 가구가 함께 쓸 현관이라면 수납공간과 충분한 면적을 확보하는 것이 설계과정에서 충분히 고려되었는지를 꼼꼼히 살펴야 할 것입니다.

현관 외에도 다른 부분을 공유하게 될 경우 함께 쓰는 공간을 넓고 쾌적하게 만들어 주는 것이 중요합니다. 현관도 두 가구가 쓰는 용도로 설계할 경우 면적을 충분히 확보하는 것과 같습니다. 만약 주방을 공유하게 된다면 시간대가 겹쳐 모든 가족 구성원들이 같은 시간에 식사하게 될 경우를 고려해 충분한 크기의 식탁을 놓을 수 있는 자리와 가족들이 지나다니기에 무리가 없도록 동선과 공간을 적당히 확보해 두어야 할 것입니다.

하지만 모두가 동시에 공용공간을 이용하는 것만큼이나 문제인 것이 서로 공용공간을 활용하는 시간대가 크게 차이가 날 경우입니다. 부모 가구와 비교하여 자녀 가구는 일하고 늦게 귀가하여 식사한다든지 욕실을 이용하게 되는데 이 경우 일찍 잠드는 부모 가구의 경우 숙면에 지장을 받을 수도 있기 때문입니다.

그렇기 때문에 공용으로 사용하는 주방 외에도 보조 주방과 같은 작은 공간을 마련해 둔다면 시간대가 겹치거나 혹은 크게 차이가 나는 데에서 오는 불편함을 최소로 줄일 수 있습니다. 그리고 침실은 욕실과 떨어지게 배치해 두고 층마다 비슷한 구조로 방을 구성하는 것이 좋습니다.

3. 분리형 다가구 주택(=캥거루 주택)

캥거루 주택은 분리형 다가구 주택의 특징을 갖고 있습니다. 앞서 살펴본 동거형 다가구 주택과 공유형 다가구 주택에 비해 뚜렷하게 나타나는 차이점은 바로 가족들이 서로의 간섭을 최소화하려 한다는 점입니다. 설계를 어떻게 하느냐에 따라 한 주택이지만 완전히 다른 집에 사는 것처럼 생활할 수 있기 때문에 가족이 아닌 타인에게 임대로 주어 살게 하더라도 불편함을 느끼지 않을 수 있습니다.

동거형 다가구 주택이나 공유형 다가구 주택에 살다 보면 원치 않는 가족 구성원과 마주치게 될 수도 있고, 설계에 따라 집을 드나들 때마다 불가피하게 부모의 시선을 받아야 할 때도 있습니다. 이러한 주택 구조 때문에 스트레스가 쌓이게 된다면 다가구주택에 사는 의미가 없을 것입니다. 그렇기 때문에 캥거루 주택을 선택하게 되는 수요는 앞으로도 꾸준히 늘게 될 것입니다.

분리형 다가구 주택의 건축이나 구매를 계획하고 있다면 생활 공간의 설계와 여러 기반시설의 설치 형태를 충분히 고려하여 선택해야 합니다. 배관 설치나 가스, 전기에 따른 유지비 때문입니다. 이러한 기반 설비들을 분리할지에 대한 문제는 추후 세입자를 들일지에 대한 문제와도 연

관되어 있으니 잘 따져보는 것이 좋겠습니다. 만약 가족끼리만 해당 캥거루 주택에 거주할 계획이라면 완전히 분리되어 있으면서도 실내에서 왕래할 수 있는 통로를 만드는 것이 좋습니다.

서로 무슨 일이 생길 경우나 부모님의 건강이 악화하여 병간호를 해야 할 경우에 이러한 내부 통로가 있는 것이 용이하기 때문입니다. 그리고 서로의 기척이나 상태를 살필 수 있는 어느 정도의 개방된 공간이 있다면 가족들 간의 가까운 거리감을 느끼기에 충분하다 할 수 있을 것입니다. 비록 분리된 공간이지만 마당이나 중정을 온 가족이 시간을 보낼 수 있는 공간으로 구성하는 것도 좋은 방법의 하나에 해당합니다.

앞에서 살펴봤듯이 다가구 주택은 캥거루 주택 외에도 다양한 형태가 존재합니다. 이러한 다가구주택 중에서 어떤 형태의 집을 선택할 것이냐에 대해서는 가족 구성원들의 친밀도와 관계를 생각해 보아야 하고, 추후 임대 수익화의 여부를 따져 보아야 하며 주택 건축비나 구매비, 지속적으로 드는 주택 유지비나 관리비의 규모를 살펴 다가구 주택 형태를 결정해야 합니다.

특히 내가 거주하면서도 동시에 임대이익을 꾸준히 내고 싶다면 캥거루 주택과 같이 프라이빗한 생활이 보장되

는 분리형 설계가 되어 있는 다가구 주택을 선택하는 것이
좋은 선택입니다.

부분임대형 아파트랑
캥거루주택이랑
뭐가 다른가요?

1인 가구의 증가로 월세 이익을 얻을 수 있는 부분임대형 아파트에 대한 관심이 높아지고 있는 것 같습니다. 부분임대형 아파트는 아파트 한 집에 두 가구가 거주할 수 있도록 설계한 구조입니다. 최근 분양되고 있는 부분임대형 아파트들은 대부분 출입문을 두 개로 하고 부엌도 각각 하나씩 구성하여 각 가구가 완벽하게 독립된 생활을 할 수 있게 설계되어 있습니다.

대부분 두 가구 중 작은 부분이 원룸이나 투룸의 형태로 구성되어 독립성을 유지할 수 있기 때문에 전·월세를 놓을 수 있다는 장점이 있고, 만약 필요한 경우에는 현관을 구분

지어놓은 공간을 바꾸어 다시 한 가구가 사는 아파트로 합칠 수 있어 실거주하면서도 수익을 낼 수 있는 부동산으로 주목받고 있습니다.

이러한 부분임대형 아파트는 캥거루 주택과 같이 내가 해당 주택에 살면서도 동시에 세입자를 받아 임대이익을 낼 수 있다는 공통점을 갖고 있습니다. 하지만 아무래도 세부적인 특성은 여러 조건에 따라 달라지게 마련인데요, 부분임대형 아파트와 캥거루 주택 중 어디에 투자해야 할지 고민이 된다면 아마 이 둘의 특성과 차이점을 잘 알고 있어야 할 것입니다. 그래서 부분임대형 아파트와 캥거루 주택의 차이점을 크게 두 가지로 정리해 보았습니다.

1. 가구 분리 방식의 차이

대부분의 캥거루 주택은 상하분리형을 채택하여 1층은 세입자가 살게 되는 공간이고 2층부터 다락까지의 공간을 캥거루 주택 집주인이 사용하게 됩니다. 하지만 부분임대형 아파트는 해당 층의 한 아파트 공간을 둘로 쪼갠 것이기 때문에 굳이 다가구주택의 분류로 나누어 보았을 때 좌우분리형 주택에 해당한다고 봐야겠습니다. 그런데 이 부분임대형 아파트는 좌우 분리형이면서 아파트 내에 있기 때문에 나타나는 몇 가지 문제점이 있습니다.

가장 큰 문제 중 하나는 벽간 소음입니다. 부분임대형 아파트들의 설계는 아파트마다 차이가 있지만 각 가구가 접해있는 부분에서 다른 가구가 무엇을 하는지 들릴 정도로 소음이 발생할 수도 있기 때문입니다.

서로 분리되어 보이지는 않는다고 하나 차후에 분리된 부분을 제거할 수 있을 정도라면 방음이 될 정도로 충분한 간격을 두고 있을 것이라고는 보기 어렵습니다. 게다가 부분임대형 아파트의 면적 또한 분양하는 곳마다 다양하기는 하나 그중 32평형 부분임대형도 있습니다.

이러면 큰 가구가 2개 방, 작은 가구가 1개 방의 형태로 이루어진 아파트가 되는데 좁은 면적이기 때문에 벽의 두께를 적당히 두껍게 하여 방음효과를 주기에는 현실적으로 어려워 보입니다. 이러한 구조와 설계상 불가피하게 발생하는 벽간 소음 때문에 세입자나 집주인 모두 불편함을 겪을 수도 있습니다.

그리고 집이 좁게 느껴질 수 있습니다. 한 집의 면적을 둘로 나눈 것이기 때문에 그렇습니다. 그래서 작은 가구의 공간이 아파트의 면적에 따라 원룸에서 투룸 정도가 되는데 이렇게 되면 받을 수 있는 세입자의 범위가 많이 줄어들고 큰 수익을 내기가 어렵습니다. 만약 작은 가구의 형태가 원룸이라면 면적이 작기 때문에 전세나 월세도 비교적 높게 받기가 어렵기 때문입니다.

하지만 캥거루 주택은 한 층을 온전히 쓰기 때문에 벽간 소음의 문제는 발생하지 않습니다. 면적도 좌우 분리형에 비해 더 여유 있게 활용할 수 있고 한 가족이 작은 가구의 공간에서 거주하더라도 신혼부부가 노부부가 생활하기에 지장이 없을 정도의 규모가 나옵니다. 그렇기 때문에 생활하는데 만족도가 높고 마당이 있는 전원주택이라는 점 등을 고려해서도 전세나 월세를 더 높은 가격에 받을 수 있습니다.

2. 입지조건의 차이

아파트와 단독주택은 각 주택의 수요자들의 라이프 스타일과 특성이 각각 다르기 때문에 입지조건 또한 차이가 납니다. 그렇기 때문에 특히 세입자를 받을 수 있는 부분임대형 아파트와 캥거루 주택은 입지조건과 주변 시설을 잘 파악한 뒤 매입하는 것이 중요하다 할 수 있겠습니다.

우선 아파트의 경우 주변의 각종 편의시설이나 학교, 직장 등이 가까운 곳을 선호하는 사람들이 많습니다. 대부분 도심지와 시내에 자리 잡고 있을수록 유리하고 부분임대형 아파트의 경우 세입자에게 임대할 수 있는 공간이 어느 정도 되느냐에 따라 위치 선정을 중요시해야 합니다.

만약 원룸이나 작은 투룸 정도라면 자취를 하려는 대학생이나 직장인들의 수요가 많을 것이기에 아파트 입지로는 인근에 대학이나 회사가 많아 월세나 저렴한 전세를 찾는 사람들이 많은 곳이 좋습니다. 하지만 그보다 조금 더 면적이 넓은 공간을 임대할 수 있다면 신혼부부까지는 수요가 있을 것으로 보입니다. 그렇기 때문에 인근에 상권이 얼마나 형성되어 있는지, 대형마트가 있는지, 어린이집 위치 등에 대해서까지 꼼꼼히 챙겨보신다면 세입자가 계약하고 싶은 집이 되지 않을까 생각합니다. 조금 더 세심하게 살피자면 이러한 부분임대형 아파트는 세대 수가 늘어나게 되므로 주차공간과 같은 공용공간이 충분히 마련되어 있는지까지 살펴야 본인이 사는 데에도 불편함이 없을 것입니다.

그런데 캥거루 주택은 수요자층이 조금 다릅니다. 약간 주변 편의시설은 부족할지라도 자연을 가까이하고 싶고, 마당이 있는 전원주택 생활을 해보고 싶은 사람들이 주로 캥거루 주택을 찾게 됩니다. 도심지와 비교해보면 환경적으로나 건강과 관련된 측면에서도 좋고 아이들을 키우면서 자연을 보고 배우게 하는 것도 좋은 공부가 된다고 생각하기에 일부러 단독주택을 찾는 것입니다.

이런 경우에는 오히려 너무 빽빽하게 건물이 들어찬 곳에 캥거루 주택을 짓는 것이 그다지 좋지 않을 수도 있습니다. 전원주택의 매력이 반감될 수 있기 때문입니다. 하지만 어느 정도 편리한 교통편이 있는 것이 좋습니다. 큰 도로 근처에 있거나 지하철역과의 연결성이 나쁘지 않다면 더 많은 사람의 관심을 받을 수 있을 것이기 때문입니다.

지금까지 부분임대형 아파트와 캥거루 주택의 차이점에 대해서 살펴보았습니다. 아무래도 이 둘은 아파트와 단독주택이라는 점에서 수요자층이 굉장히 달라질 수 있다는 점이 큰 특징입니다. 그리고 대부분 설계 자체가 다르게 나오기 때문에 어떤 부분이 이점이 될 수 있을지는 또 집주인의 취향과 세입자를 고려한 입지 선정 등을 꼼꼼하게 따져보아야 결론을 내릴 수 있을 것입니다.

땅콩주택과 캥거루주택,
뭐가 더 좋을까요?

몇 년 전부터 우리나라에서는 미국에서 있던 듀플렉스 주택과 유사한 2가구가 함께 건축비를 부담하여 짓는 소위 땅콩 주택이 늘어나고 있습니다. 두 가구가 하나의 필지에 지어진 집에 산다는 점은 캥거루 주택과 같습니다.

땅콩 주택은 한 집을 분리형으로 짓고 두 가구가 들어가 살게 되는데 이때 부지 매입비와 건축비용을 둘이 나누어서 내기 때문에 건축에 드는 비용을 많이 절감할 수 있다는 장점이 있어 획일화된 아파트 대신 개성 있는 단독주택을 꿈꾸는 젊은 부부들에게 인기가 많습니다.

그렇다면 이 땅콩 주택과 캥거루 주택은 무엇이 다를까

요? 땅콩 주택과 캥거루 주택의 결정적인 차이점은 바로 소유권입니다. 캥거루 주택은 대개 건축주나 매입자 1인이 소유하는 다가구주택이기 때문에 소유권을 가진 사람이 가족과 함께 살 것인지, 아니면 임대이익을 얻기 위해 세입자를 들일 것인지에 대해 자유롭게 결정할 수 있습니다.

하지만 땅콩 주택의 경우 소유권에 대해 잘 이해하고 있어야 나중에 문제가 발생할 여지를 막을 수 있습니다. 땅콩 주택은 건물을 공동으로 소유하는 것이기 때문입니다. 그러니까 땅콩 주택과 캥거루 주택은 1주택이지만 땅콩 주택은 두 가구가 소유권을 공동으로 가지고 있는 것이고 캥거루 주택은 한 가구가 소유권을 가진 형태에 해당하는 것입니다. 그렇다면 땅콩 주택처럼 한 주택을 공동소유하고 있다면 어떤 상황이 발생할 수 있을까요?

민법에서는 제262조부터 제278조까지 공동소유에 대한 내용을 규정하고 있습니다. 2인 이상이 한 개의 소유권을 공동으로 소유하는 관계를 공동소유라고 하는데, 이렇게 공동소유를 하고 있는 상황에서는 공유물의 처분이나 변경을 원할 경우 다른 공동소유자의 동의를 받아야 합니다. 게다가 땅콩 주택의 공동소유 형태에 따라 지분을 처분한다든지 주택의 내부와 외부를 수리하는 것조차도 상대의 동의를 얻어야 진행할 수 있는 경우도 있습니다.

재산권과 관련해 논쟁이 일어날 수도 있다는 것이 가장 우려되는 점입니다. 이러한 점들을 미루어 보아 땅콩 주택은 다른 단독주택이나 다가구주택보다 저렴하게 지을 수 있지만 나중에 이것을 법적으로 처리하는 과정이 캥거루 주택보다 훨씬 더 복잡해질 수 있겠습니다.

그리고 땅콩 주택은 분리형 주택이지만 일반적인 캥거루 주택들이 상하 분리형 주택으로 지어지는 데 반해 좌우 분리형으로 지어지는 것이 대부분입니다. 한 주택을 세로로 분리하여 두 가구가 각각 이층집이라면 1층부터 2층을 모두 사용하여 생활하게 되는 것입니다.

이러한 좌우 분리형 구조의 경우 캥거루 주택의 종류를 설명할 때도 언급이 되는 부분이지만 각 세대가 하나의 집에 사는 완전히 독립된 느낌을 줍니다. 층간소음의 경우에도 상하분리형일 때보다 크게 문제가 되지 않습니다.

하지만 한 채의 주택 공간을 반으로 나누었기 때문에 대체로 한 쪽이 길쭉한 직사각형 형태의 집에서 생활하게 되기에 공간을 효율적으로 구성하고 배치하기가 다소 어렵습니다. 게다가 계단을 양쪽에 각각 하나씩 설치해야 하므로 공간을 많이 차지하게 되어 비효율적이기도 하고 두 채의 건물을 짓는 것과 다른 바가 없습니다.

간혹 땅콩 주택이 건축비용이 적게 든다는 이유로 선택

하는 사람들이 있습니다. 하지만 땅콩 주택이 저렴한 것은 비단 공동으로 건축비용을 부담하기 때문만은 아닙니다.

땅콩 주택은 1개월 만에도 다 지어질 수 있다고 하는데, 땅콩 주택을 원하는 수요자들이 어느 정도 늘게 되면서 보편화한 시공 자재와 설계의 땅콩 주택들이 여럿 지어지고 있습니다. 지금의 땅콩 주택은 거의 규격화되고 획일화되었다고 봅니다. 그렇기 때문에 가격이 저렴한 것도 있습니다. 그러니 만약 땅콩 주택을 짓고 싶다면 시공하는 곳에서 좋은 자재를 써서 단열과 채광, 통풍, 내구성 등을 고려하는 곳인지부터 살펴보아야 할 것입니다. 너무 가격이 저렴하다면 시공을 할 때 문제가 있지는 않은지 확인해 보는 것이 좋겠습니다.

상가주택과 캥거루주택 중
무엇이 더 유리할까요?

내가 살 주택을 장만하면서 동시에 임대수입을 얻고 싶다면 아마 상가주택과 캥거루 주택 중에서 고민하게 될 것입니다. 캥거루 주택은 건축물의 전 층 모두 둘 이상의 가구가 거주할 수 있도록 주방이나 화장실까지 각각 두어 독립된 형태로 지낼 수 있게 하는 것입니다. 이에 반해 상가주택은 1층 또는 2층까지는 장사를 할 수 있는 상가로 이루어져 있고 그 위에는 집주인의 주거공간이 있습니다.

하지만 이 상가주택과 캥거루 주택의 차이가 단순히 상가에서 점포를 내고 영업을 할 사업자와 단독주택에 살고 싶은 거주자뿐이라고 생각하면 곤란합니다. 이 두 주택은 설계에 따라서도 매매를 할 때 세금이 달라지기도 하고 입지조건도 차이가 있기 때문입니다. 그러니 만약 내 주택을 지을 땅을 알아보고 있거나 다 지어진 상가주택과 캥거루 주택을 알아보고 있다면 다음과 같은 점을 파악하고 매매시 참고하는 것이 좋겠습니다.

1. 내가 거주할 공간의 위치

이것은 특히 상가주택에 적용되는 것입니다. 캥거루 주택은 대개 1층을 임대로 내어주고 2층부터 자신이 거주하는 공간으로 활용하기 때문입니다. 하지만 상가주택은 층수가 더 높은 경우도 있고 전체 상가주택의 몇 퍼센트 정도를 상가로 활용하느냐에 따라 차이가 발생하게 됩니다.

일단 상가주택은 상가의 면적을 어떻게 잡을지도 염두에 두어야 합니다. 너무 좁은 상가는 장소가 굉장히 비좁기 때문에 장사하기 불편할 것이고, 상가가 너무 넓다면 불필요한 면적을 갖고 있으면서까지 높은 월세를 내려 하지 않을 것이기 때문입니다. 그래서 해당 상가주택 인근의 상가들을 비교해 보며 어느 정도의 면적이 적당한지 확인을 해보는 것이 좋습니다. 지역과 업종에 따라 차이가 있을 수 있으니 직접 다녀보며 파악할수록 더 지속해서 세입자를 들이기에 유리해질 것입니다.

상가주택의 위치는 도로를 최대한 많이 접하고 있을수록 그 앞을 지나다니는 사람들이 많아져 손님이 늘어날 수 있으므로 코너와 같은 위치가 좋습니다. 그리고 주택가에 있으면서도 동네의 초입부에 있는 것이 유리합니다.

캥거루 주택보다는 상권 분석이나 입지 조건도 철저하게 따져보고, 세입자를 받을 때도 어떤 업종인지, 프랜차이즈인지 등등에 대해 많은 것을 따져보고 임대계약을 할 것인지 결정해야 합니다. 기존에 상가주택이던 건물을 매입하려 한다면 해당 상가의 세입자가 월세를 제대로 내고 있는지, 장사를 잘 하고 있는지를 점검해 보는 것도 좋습니다. 그렇지 않으면 월세를 나중에 제대로 받지 못할 경우도 발생하기 때문입니다.

상가주택과 캥거루 주택을 놓고 고민할 때 상가가 더 많은 월세를 받을 수 있다는 이유로 무턱대고 선택하는 것은 위험합니다. 상가주택은 만약 장사가 잘 안되면 그만큼 세를 받기가 어려워지기 때문입니다. 아무리 유동인구와 그 동네에서 잘 되는 업종을 파악하고 들어가더라도 경기가 침체되어 장사가 잘되지 않는다면 이러한 상황까지 버텨내기는 어려울 수 있기 때문입니다.

그렇기 때문에 꾸준히 월세 수입을 안정적으로 받고 싶다면 캥거루 주택이 나을 수 있습니다. 캥거루 주택은 사람이 거주하는 공간이기 때문에 꼭 필요한 비용이므로 월세를 비교적 잘 낼 것이기 때문입니다.

하지만 장사가 잘 되는 위치를 고려하게 된다면 어느 정도 상권이 형성된 곳에 자리하고 있기 때문에 상가주택의 집주인은 밤에 소음으로 인한 불편함도 겪을 가능성이 있습니다. 만약 조용하게 쉴 수 있으면서 전·월세수익을 얻고 싶다면 상가주택은 좋은 선택이 아닐 수도 있습니다. 그런 경우에는 주택가에 있어 저녁에는 조용한 위치의 캥거루 주택에 살면서 임대이익을 얻는 것이 좋겠습니다.

2. 양도소득세 절감

매매를 위한 거래를 할 때 시세차익이 발생하면 양도소득세를 내는 것이 기본적입니다. 하지만 1세대 1주택자의 혜택을 잘 활용하면 팔 때 시세차익이 있어도 양도소득세를 내지 않아도 됩니다. 상가주택과 캥거루 주택을 매매할 때 어떻게 양도소득세를 면제받을 수 있는지에 대해서 살펴보도록 하겠습니다.

상가주택은 해당 주택에서 상가의 면적이 차지하는 부분이 어느 정도인지에 따라 주택으로 인정받는 것이 달라집니다. 만약 상가 부분과 집 부분 중 집 부분에 해당하는 면적이 더 넓다면 해당 상가주택 전체가 주택으로 인정받게 됩니다.

그래서 다른 주택은 보유하고 있지 않으면서 주거 공간 부분이 더 넓은 상가주택을 보유하고 있다면 1주택자에 해당합니다. 그래서 2년간 자기 것으로 보유하고 있다가 팔게 되면 팔 때 상가주택의 매매로 인한 시세차익이 발생하더라도 양도소득세를 낼 필요가 없습니다.

하지만 주거 공간보다 상가 부분이 더 넓다면 상황이 달라집니다. 상가 부분이 더 넓은 상가주택을 보유하고 있으면 해당 상가주택 하나만 보유하고 다른 주택은 가진 것이 없더라도 1주택자에 해당하지 않습니다. 그렇기 때문에 상가 부분이 더욱 넓은 상가주택을 팔게 된다면 주거하는 부분에 대해서만 주택으로 인정되므로 양도소득세를 내지 않고, 상가 부분에 대해서는 양도하는 데 발생하는 차익에 따라 적게는 6%, 많게는 38%까지도 양도소득세를 내야 합니다.

만약 시세차익을 염두에 두고 상가주택을 구매한다면 해당 상가주택에서 상가와 주택 중 어떤 부분이 비중을 더 많이 차지하는지를 잘 살펴보아서 나중에 거래 시 손해 보는 일이 없도록 해야 할 것입니다.

　하지만 캥거루 주택은 전 층 모두 주거 공간이기 때문에 상가주택처럼 따져볼 것 없이 주택에 해당합니다. 만약 나중에 캥거루 주택을 팔 때 1주택자이면서 캥거루 주택을 2년 보유하고 있었던 상황이라면 시세차익이 얼마가 발생하든 상관없이 양도소득세를 내지 않고 시세차익을 모두 내 것으로 가질 수 있게 됩니다.

캥거루주택 시공사는
어떻게 고르는 것이
좋을까요?

내가 살 캥거루 주택을 누가 지어주느냐에 따라서 같은 설계도면의 집이더라도 마감의 꼼꼼함과 퀄리티가 달라질 수 있습니다. 게다가 설계부터 시공까지 진행되는 방식들도 업체마다 다르기 때문에 어떤 시공사를 만나느냐에 따라 건축주가 더 고생하게 될 수도 있고, 생각보다 수월하게 진행이 되기도 합니다.

하지만 이것은 비단 캥거루 주택을 짓고자 하는 건축주만의 문제는 아닙니다. 캥거루 주택을 분양받는 경우라도 과연 이 주택단지를 짓는 시공사가 어디인지 꼼꼼하게 살펴보고 분양을 받을 것을 결정해야 나중에 크고 작은 분쟁이 발생하는 일을 막을 수 있고 후회가 없을 것이기 때문입니다.

그렇다면 이렇게 중요한 시공사를 고를 때는 무엇을 가장 꼼꼼하게 보아야 할까요? 먼저 설계에 돈을 아끼지 않는 시공사가 중요하다고 할 수 있겠습니다. 뒤에서도 언급하겠지만 두 가구가 생활하는 주택이기 때문에 일반 단독주택보다 더 많은 신경을 기울여야 하는 것이 설계 부분입니다.

설계의 부족함으로 세입자가 생활하며 불편함을 느낀다면 오래 거주하려 하지 않을 것이고 또 다음 세입자를 받는 데 어려움이 있을 수 있어 장기적으로 보더라도 꾸준한 전·월세 수익을 기대하는 것이 어려워집니다. 당장 건축비나 분양비가 조금 비싸다는 이유로 설계비용부터 깎고 보려는 것은 좋은 선택이 아닙니다. 그리고 시공사 측에서 먼저 좋은 설계를 제시해 준다면 더 좋다고 할 수 있겠습니다.

예를들어, 경기도 이천 〈파티앤타운〉의 캥거루주택의 경우 개인당 5천만원 이상의 건축설계비를 받는 유타건축이 캥거루 주택 전체를 한번에 건축설계를 했기에 비용적인 면에서 많은 감소를 할 수있었습니다.

그리고 자재를 좋은 것으로 써야 합니다. 건축의 여러 단계에서 다양한 자재가 들어가게 되는데 단열이 잘 되고 내구성이 좋은 자재들을 쓰는 것이 좋겠습니다. 이런 경우 좋은 자재를 선택하느라 비용이 더 올라갈 수 있지만 오랫동

안 내가 생활하고 임대이익을 얻을 집이기 때문에 이러한 부분에 비용을 투자하는 것을 아까워하면 안 될 것입니다.

그렇다면 시공사들의 특징은 어떨까요? 건축주들이 시공사를 선택할 때 규모가 큰 시공사가 좋은지, 아니면 작은 곳이 좋은지, 건축하는 곳과 가까운 시공사를 골라야 하는지 등등 이러한 부분에서 고민이 많습니다. 그래서 시공사들의 유형을 정리해봤으니 보시고 본인에게 맞는 시공사의 형태를 찾아보신 후 업체를 알아보셔도 도움이 될 것입니다.

대부분 단독주택을 시공하는 업체들은 영세하고 규모가 작은 업체에 해당합니다. 하지만 그중에서도 비교적 규모가 큰 대형 시공사들이 있습니다. 대기업에 준하는 형태와 조직구조를 갖추고 있습니다. 인력이 많은 만큼 영업도 많이 하고 그 결과 시공사례도 굉장히 많이 축적해 두고 있습니다.

체계가 잘 잡혀 있기 때문에 상담할 때도 기본적인 평수에 따른 기본적인 설계도 다 정해져 있고 가족 구성원과 평수와 예산 등에 맞추어 틀이 짜여집니다. 게다가 기본적인 건축단가표가 있어 원하는 자재 선택만 하면 바로 견적이 나올 정도로 진행이 빠릅니다.

이러한 점들 때문에 건축주의 입장에서는 단독주택을 짓는다는 것이 다소 막연한 일일 수도 있는데 이런 시공사를 만나게 되면 고민하거나 알아보느라 들이는 시간을 많이 줄일 수 있게 됩니다. 게다가 이미 건축 공정이 체계적으로 잡혀 있기 때문에 건축주가 일일이 신경 쓸 일이 훨씬 적다는 장점이 있습니다.

하지만 이렇게 진행하는 것에 무조건 장점들만 있는 것은 아닙니다. 이러한 시공사에서 건축을 진행하게 되면 물론 건축주의 입장에서는 편하겠지만 해당 시공사에서는 자신의 업체를 광고한 비용이나 영업비 등을 건축주에게 받아야 하므로 이러한 부분에서 오는 손해를 자잿값에서 충당하려 하게 됩니다. 자재를 상대적으로 단가가 저렴한 것을 사용할 수 있는 것입니다.

그리고 설계 단계에서 내부 구조가 다소 복잡하고 단순한 방형 구조의 형태가 아닌 설계가 나오기도 해 설계비가 올라갈뿐더러 재료를 많이 쓰면서 복잡해 보이는 집이 나올 수도 있습니다. 그리고 이렇게 규모가 큰 시공사라면 실질적으로는 영업만 하고 실제 시공 부분은 외주를 주는 경우가 많습니다. 그렇기 때문에 내가 원하는 사례의 집과 같게 만들고 싶다 하더라도 외주를 준 시공사가 다르다면 결과가 달라질 수 있을 것입니다.

그렇다면 중형 시공사의 경우에는 어떨까요? 중형 시공사들은 주택 관련 월간지에 업체 광고를 실을 수 있을 정도의 여력이 있는 업체 규모를 가지고 있을 것입니다. 이러한 시공사에서는 시공을 직접 하는데 일부 공정에 대해서만 외주를 주기도 합니다. 예를 들면 타일만 다른 업체를 불러와서 한다든지, 골조만 외주를 맡긴다든지 하는 방식으로 시공을 진행하는 것입니다. 하지만 주도적으로 시공을 맡는 것은 해당 시공사가 됩니다.

하지만 이러한 중형시공사도 건축물의 마감 퀄리티를 동일하게 내기란 어렵습니다. 시공사 안에 현장 소장이 여러 명 있기 때문입니다. 그래서 현장 소장이 누구냐에 따라 마감 퀄리티의 차이가 발생할 수 있습니다. 하지만 외주를 주는 비율이 적고 본격적인 시공을 해당 시공사에서 도맡아 하기 때문에 건축 결과물을 보면 일정 수준 이상의 퀄리티는 자부할 수 있을 정도로 나오게 됩니다.

그리고 작은 규모의 시공사도 있는데 이런 시공업체의 경우에는 시공사 대표가 현장소장입니다. 가장 소규모이며 영세한 업체에 해당하는 것입니다. 또 이런 소규모 시공사들은 매우 많기도 하고 유형별로 또 달라질 수 있어 크게 두 가지 업체로 나누어 살펴보도록 하겠습니다.

우선 전국구단위로 움직이는 시공업체입니다. 대부분 A급 직원을 두고 있어 한 팀만을 꾸려 시공을 하는 경우입니다. 시공을 맡는 사람들이 항상 같기 때문에 퀄리티는 일정하게 나오고 실력이 있는 사람들 위주로 편성된 시공사이기에 가장 결과물이 좋습니다. 하지만 그만큼 건축비용이 많이 든다는 단점이 있습니다. 그리고 이런 업체는 만나기가 쉽지 않습니다.

또 다른 유형의 소규모 시공사는 지역시공사입니다. 해당 지역에서만 주로 일을 하게 되는데 가장 건축주가 조심해야 할 유형의 시공사입니다. 시공비는 굉장히 저렴할 수도 있지만 퀄리티 보장이 안 됩니다.

게다가 시공사례 등을 찾아보기 어려울 수도 있습니다. 그리고 최악의 경우에는 건축주의 돈만 떼먹고 제대로 건축을 완공하지 않는 경우도 있기 때문에 잘 알아보고 업체 선정을 신중히 해야 할 것입니다.

캥거루주택에도 설계비용을
많이 들여야 할까요?

두 가구가 함께 생활하는 다가구주택은 특히 설계에 많은 신경을 써야 합니다. 캥거루 주택의 경우 상하로 분리하느냐, 좌우로 분리하느냐에 따라서도 라이프 스타일이 대단히 큰 차이가 나게 됩니다. 만약 부모님과 3대가 함께 살려고 하는데 완벽히 독립된 느낌으로 지내기 위해 좌우 분리형 주택으로 캥거루 주택을 설계한다면 연로하신 부모님이 2층 또는 3층까지의 계단을 오르내리며 생활하게 되는 불편함을 겪게 될 것입니다.

그렇기 때문에 캥거루 주택에서 내가 살 공간을 제외한 다른 가구가 사는 공간에 누가 들어오느냐에 따라 설계는 달라질 수 있고, 또 부모님이 사는 경우나 결혼한 형제나 친구 가족이 사는 경우, 세입자가 사는 경우 모두를 고려한 설계라면 더 치밀하게 신경 써야 할 수밖에 없습니다. 그렇기 때문에 여러 상황과 생활습관, 동선 등을 세밀하게 고려한다면 설계비용은 올라가게 되는 것입니다.

만약에 설계를 할 때 보일러나 가스 등을 1층과 2층이 같이 쓰는 구조로 하게 된다면 어떻게 될까요? 아마 난방비나 가스비 등을 매월 정산할 때마다 어려움이 있을 것입니다. 현관이 분리될 수 없다면 어떤 상황이 벌어질까요?

아마 두 가구가 현관에 놓은 우산이나 자전거, 유모차와 같은 잡다한 물품들이 마구 뒤섞여 난장판이 될 것입니다. 게다가 세입자의 입장에서는 현관에 들어와 중문을 열면 바로 집인데 집주인 가구가 같은 현관에서 들어와 내 집 안을 볼 수도 있다고 생각하면 굉장히 불편함을 느낄 것입니다.

그렇기 때문에 캥거루 주택을 구매한다면 설계를 어떤 업체에서 했는지, 해당 업체의 기존 시공 사진이나 현장을 참고해 보는 것이 좋습니다. 캥거루 주택은 두 가구가 함께 생활하는 공간이기 때문에 설계의 문제로 함께 사는 데 있어 불편함이 발생한다면 세입자가 들어오더라도 오래 살지 못하고 나갈 수도 있습니다.

　그렇다면 지속적인 임대이익을 내지 못하고 공실로 둘 수도 있는 것입니다. 그렇기 때문에 설계비용을 아끼지 않고 투자한 곳이라면 일단 관심을 두고 살펴볼 만 합니다. 하지만 단순히 설계비용을 많이 들였다는 이유만으로 업체를 신뢰해서는 안 됩니다. 건축주나 캥거루 주택을 분양받은 사람도 단독주택과 캥거루 주택에 대한 충분 기본지식과 설계에 대한 이해도를 가지고 있어야 좋은 캥거루 주택을 선택할 수 있게 될 것입니다.

캥거루주택 공실이
생기지 않으려면
어떻게 대처해야 할까요?

캥거루 주택의 1층을 세입자에게 임대를 하고 전세나 월세로 인한 임대이익을 얻고자 캥거루 주택에 입주하려는 분들도 있을 것입니다. 하지만 캥거루 주택이 여러 가지 장점을 갖고 있다고 해서 무조건 임대가 잘 되리라는 보장이 없습니다. 캥거루 주택을 임대하여 들어오려는 세입자들도 전원주택의 생활을 캥거루 주택을 통해 체험해보고 싶은 마음은 있지만 입지 조건이 좋지 못해 교통이 나쁘다거나 학교, 직장과 거리가 멀고 주변 편의시설이 부족하다면 아무리 해당 캥거루 주택이 외관이 훌륭하고 좋은 집이라도 그 집에 섣불리 입주하려고 하지는 않을 것이기 때문입니다. 그렇기 때문에 캥거루 주택을 선택하는 단계에서부터 세입자의 입장에서 캥거루 주택의 이모저모를 따져보도록 해야 합니다.

우선 캥거루 주택을 사고 난 이후 공실이 생기지 않으려면 세입자들의 수요가 충분히 있어야 하는데, 그러려면 세입자들이 싫어하는 집의 유형을 파악해야 할 필요가 있습니다.

세입자들이 싫어하는 집은 어떤 곳일까요? 출퇴근이나 학교 등하교가 불편한 곳, 즉 교통이 불편한 곳이 가장 나쁩니다. 그렇기 때문에 주변에 버스 정류장이나 지하철역이 없다면 그닥 인기가 없을 것입니다. 너무 시내와 동떨어져 있다면 치안의 문제를 걱정하게 되기 때문에 방범이나 경비 시스템이 잘 갖추어져 있는 것이 좋습니다.

그리고 집주인 가구와 제대로 분리가 되어 있지 않으면 캥거루주택에서의 생활을 불편하게 여길 수 있습니다. 집주인 가구를 자주 마주치게 되고, 또 오랜 시간 봐야 한다면 세입자에 따라 이것을 탐탁지 않게 여기는 사람도 있을 수 있기 때문입니다. 그렇기 때문에 캥거루주택의 독립성이 충분히 확보되었는지도 살펴야 할 것입니다.

캥거루주택 직접 짓는 것과
분양받는 것 중
어느 것이 나을까요?

부모님과 함께 살거나 세입자를 들여 임대이익을 받고 싶으신가요? 이런 경우에는 캥거루 주택에서 사는 것이 적합합니다. 그런데 캥거루 주택에 살기로 마음먹었다면 그 다음에는 이러한 선택의 갈림길에서 고민하게 됩니다.

'캥거루 주택을 직접 지을까, 아니면 다 지어진 캥거루 주택을 분양받을까?'

그래서 캥거루 주택 건축과 분양에 대해 장단점을 비교해 보려고 합니다. 먼저 캥거루 주택 건축의 장단점을 살펴보도록 하겠습니다.

캥거루 주택 건축의 장점 – 가족 맞춤형 설계

캥거루 주택을 직접 건축할 경우에는 설계 단계에서 가족 구성원들이 원하는 요구사항들을 최대한 반영할 수 있게 됩니다. 계속 가족들하고만 생활할 캥거루 주택을 짓는다면 부모님이 사시는 공간을 나중에는 자녀 세대가 쓰고, 자녀 세대가 생활하던 공간을 손자 세대가 쓰는 식으로 물려받듯이 사용할 수 있기 때문입니다.

이때 거동이 불편한 가족이 있다면 그에 맞는 설계와 방 배치를 할 수 있고 어느 부분을 공용공간으로 정할지에 대해서도 자유롭게 결정할 수 있습니다. 그리고 다른 곳에서는 볼 수 없는 개성 있고 심미적인 건축 외관을 그려볼 수도 있으며 원하는 인테리어를 구현하기 위해 설계에 반영시킬 수 있습니다.

그리고 층수라든지 정원, 중정 등의 설계, 발코니 등 다양한 요소들을 자유롭게 결정할 수 있습니다. 건축기준법에 어긋나지 않는 한도 내에서 여러 시도를 해볼 수도 있고 창문을 자유롭게 내어 채광과 조망을 확보할 수도 있습니다. 또 가족의 라이프 스타일에 따라 마당이나 중정을 여유 있게 두어 야외에서의 식사나 바비큐 파티를 즐길 수도 있고, 반대로 옥상을 공용 휴식공간으로 꾸며 타인들의 시선을 차단하면서 편하게 일광욕을 즐기거나 텃밭을 꾸밀 수 있습니다. 다른 어디에도 없는 우리 가족만의 집을 원한다면 캥거루 주택을 직접 건축해 설계했을 때 큰 만족감을 느낄 수 있을 것입니다.

그리고 주택 부지가 정방형이나 장방형이 아닌 경우라도 설계를 유동적으로 할 수 있습니다. 부지의 모양이 다소 난해하더라도 훌륭한 설계를 통해 개성으로 승화시킬 수 있기 때문입니다. 캥거루 주택을 직접 건축할 때는 원하는 것을 내 주택에 반영하기 쉽고 치밀한 설계를 통해 단점을 극복해낼 수 있다는 점이 가장 두드러진 장점입니다.

캥거루 주택 건축의 단점 – 비용이 많이 듦

하지만 캥거루 주택을 직접 건축할 때의 단점은 비용입니다. 물론 부모님과 자녀세대가 함께 생활할 캥거루 주택을 건축한다면 부모님 세대 따로, 자녀 세대 따로 각각 두 집을 건축하는 것에 비해 건축비나 앞으로 꾸준히 들어갈 유지비를 비교해 보았을 때 훨씬 이득이겠지만 캥거루 주택을 건축하는 것과 분양받는 것을 비교해 보았을 때는 캥거루 주택을 직접 짓는 것이 더 돈이 많이 들어가게 됩니다.

게다가 건축을 하는 데 있어 고도의 설계가 필요하거나 원하는 것이 많을수록 설계비나 시공비가 올라가기도 합니다. 원하는 대로 맞춤제작 된 주택에서 편안하게 생활할 수 있지만 그만큼의 비용을 지급해야 하는 것입니다. 크게 토지 구매비와 주택 공사비, 설계 및 감리비, 기존 건물 철거비, 임시 주거비, 세금 등이 지출됩니다. 그리고 건축 분야와 무관한데 직접 캥거루 주택 건축을 하려 한다면 직접 집을 지을 부지도 알아서 매입해야 하고 건축 설계, 인허가, 시공 등의 전 과정을 자주 살펴야 합니다.

그래서 단독주택이나 다가구주택을 짓는 사람 중에는 건축가나 시공 쪽에서 일하는 사람들이 많습니다. 전문가가 아니고서는 처음 시도하기에는 어려움이 많이 따를 것입니다. 그리고 캥거루 주택을 다 건축하고 난 뒤에도 주택의 하자 보수와 관리를 직접 해야합니다.

게다가 지극히 개인적인 취향을 반영한 캥거루 주택은 세입자들이 선호하지 않거나 잘 팔리지 않을 가능성이 있습니다. 처음에 캥거루 주택을 짓기로 결심했을 때 차후 수익화할 계획이 있는지 판단하여 설계를 하는 것도 중요하

지만 예산에 맞춰서 부지를 구매했다면 세입자에게는 매력
적이지 않은 입지조건의 주택일수도 있습니다.

주택건축비와 인테리어에 드는 비용도 만만치 않기에
부지를 구매할 때 교통편의성, 편의시설이나 학교, 직장과
의 거리, 너무 외진 곳에 위치해 있지는 않은지 등 이런 모
든 입지조건까지 괜찮은 부지를 얻기란 예산도 빠듯하고
건축주에게 힘겨운 일이 되기 때문입니다. 하지만 세입자
의 입장에서는 매력적이지 못한 집으로 보일 수 있습니다.

그래서 처음부터 세입자를 받을 계획이라면 주택의 위
치와 집의 구조를 잘 염두에 두고 건축해야 하는데 이러한
조건들을 건축주가 꼼꼼하게 체크하고 충족시키기란 쉬운
일이 아닙니다. 그렇기 때문에 캥거루 주택을 건축할 때 얻
을 수 있는 장점과 단점을 모두 따져 보고 신중하게 결정해
야 할 것입니다. 캥거루 주택을 직접 짓는다는 것은 관련
책임이 건축주 자신에게 있기 때문입니다.

캥거루 주택 분양의 장점 – 관리와 임대하기 좋음

캥거루 주택을 분양하는 단지를 통해 캥거루 주택을 매
입하게 되면 무엇보다도 비용적인 측면에서 장점이 많습니

다. 토지를 여러 군데 알아보러 다니거나 캥거루 주택의 건축이 진행되는 동안 건축은 잘 되고 있는지 직접 감리를 하거나 알아보는 데에 시간과 노력을 들일 필요가 없습니다.

게다가 건축 후 하자가 생길 경우에는 수리를 요청할 수 있고 주택 외관이나 마당을 시행사 측에서 관리해주는 경우도 있어 이러한 이점을 얻을 수 있는 곳에서 분양을 받으면 좋습니다. 그리고 건축에 드는 크고작은 비용과 절차를 직접 진행할 필요가 없습니다. 아파트 분양을 받는 것과 비슷하다고 보면 됩니다.

그리고 캥거루 주택을 분양하는 시행사에서는 성공적인 분양을 위해 보편화된 설계와 건축을 합니다. 부지의 면적이 충분하여 주택의 형태가 단정하고 누구나 살기에 무난하게 지어집니다. 그렇기 때문에 임대를 하고자 한다면 세입자를 들이기에 좋습니다.

경기도 이천의 〈파티앤타운〉의 경우 시행사에서 매매분양 및 전세분양을

적어도 주택의 외관이나 인테리어 때문에 전세나 월세로 들어오는 것을 취소할 일은 없을 것이기 때문입니다. 그러니 캥거루 주택을 분양받을 때 입지 분석을 해보고 주변 시설 답사를 충분히 한다면 차후에 임대이익을 꾸준히 낼 수 있을 것입니다. 특히 캥거루 주택 단지 근처에 호재가

있는지, 인근 개발계획은 없는지, 녹지율은 어느정도나 되는지를 살펴보면 좋습니다. 이렇게 나중에 시세가 오를 만한 요인이 있는지에 대해서까지 알아본다면 혹시 모를 주택을 되팔아야 할 상황이 발생하더라도 집이 나가지 않아 고민할 일은 줄어들 것이기 때문입니다.

캥거루 주택 분양의 단점 - 시행사와 시공사문제

캥거루 주택을 분양받을 경우의 단점은 시행사나 시공사를 잘못 만났을 때일 것입니다. 내 집을 지을 때에도 좋은 업체를 만나는 것이 중요하고 또 계속적으로 공사가 잘 진행되고 있는지 살펴야 하지만 캥거루 주택을 분양받을 경우 건축 과정을 살펴보기는 어렵습니다.

게다가 모델하우스나 분양광고 등이 실제 형태보다 더 좋아보이게 모형 등을 과장되게 표현하는 경우가 있어 실제로 분양을 받은 뒤 입주하고 나면 실망스러운 부분이 보일 수도 있습니다.

그렇기 때문에 이러한 부분을 염두에 두고 모델하우스를 잘 살펴보아야 하고, 분양받고자 하는 캥거루 주택의 위치를 인터넷을 통해 확인해 보도록 해야 합니다. 위치가 대중교통을 이용할 수 있는 곳과 얼마나 가까운지, 주변 경관이 좋은지, 혐오시설은 없는지 등을 미리 체크해 두는 것도 좋습니다.

그리고 캥거루 주택이나 듀플렉스 주택이 인기가 많다는 이유로 주택단지 안에 이러한 임대가 가능한 수익형 주택을 많이 건설하는 주택단지는 피해야 합니다. 왜냐하면 해당 주택단지 내에 있는 다른 캥거루 주택이나 듀플렉스 주택은 해당 주택단지에 전세나 월세로 들어오려 하는 세입자를 받을 기회를 줄어들게 하기 때문입니다. 전월세 임대 공급물량이 많아져 뜻하지 않게 경쟁상대가 되는 것입니다. 이러한 경우 꾸준히 임대이익을 내기 어려울 수 있으니 주택단지 안에 임대이익형 주택이 많다면 분양받는 것을 피하는 것이 좋습니다.

그리고 모델하우스와 캥거루 주택 단지의 입지와 단지 내 주택 계획과 구성을 확인했다면 시행사와 시공사를 살펴볼 필요가 있습니다. 시행사는 시공사에 건축을 의뢰하는 건축주입니다. 시공사는 건설회사에 해당합니다. 시공사는 시행사의 요청대로 설계를 하고 공사에 들어가게 되는데 캥거루 주택을 분양받고자 한다면 시공사와 시행사 모두를 꼼꼼하게 따져 보아야 합니다.

시행사는 해당 분양의 건설사업 주체이기 때문에 시행

사가 그동안 진행했던 건에 문제는 없었는지 알아두면 좋습니다. 시공사가 도중에 바뀌거나 분양받은 입주민들과의 소통에서 문제가 생겼다면 아마 또 피곤한 분쟁이 발생할 수도 있기 때문입니다.

그리고 시공사도 철저히 살펴야 합니다. 부실공사를 하거나 마감 처리가 깔끔하지 않을 경우 실거주하면서 크고 작은 불만이 발생할 수 있기 때문입니다. 캥거루 주택은 대부분 내가 살 집에 해당하기 때문에 더 신중하게 정해야 할 것입니다. 그러니 시공사가 기존에 건설했던 곳을 둘러보거나 입주민들의 만족도를 알아보고 결정하는 것이 좋습니다. 시공사를 고르는 기준은 앞에서도 시공사별 유형에 따라 자세하게 설명한 바 있으니 다시 정확하게 기준을 알고 싶다면 앞으로 가서 다시 읽어보는 것을 권합니다.

12

캥거루주택에
내가 살지 않는 경우는
어떻게 대비해야 할까요?

두 가구가 캥거루 주택에 입주해 살다가 둘 다 살지 않게 되는 경우도 있습니다. 형제지간이거나 부모와 자녀 관계에 있는 두 가구 중 한 가구가 사정이 생겨 캥거루 주택에서 나가 다른 곳으로 이주를 하게 될 수도 있고, 임대이익을 내고 싶을 수도 있기 때문입니다.

그렇게 되는 데에는 여러 사정이 있겠지만 어찌되었든 캥거루 주택에 사는 방식은 때에 따라 달라질 수도 있기 때문에 빈 공간을 상황별로 어떻게 잘 활용해야 할지 미리 예상하고 대비해두는 것이 필요합니다. 그리고 캥거루 주택을 어떤 상황에서든 효율적으로 활용하고 수익도 내려면 캥거루 주택을 구매하기 전부터 미리미리 대비해두는 자세가 필요합니다.

1. 세가 잘 나갈 만한 위치에 있는 캥거루 주택을 구매

캥거루 주택을 구매할 때는 그 캥거루 주택의 위치가 어디에 있는지도 고려해 보아야 합니다. 내가 살거나 세입자가 살 때 교통이 편리하거나 직장 등이 가까운 곳에 사는 것이 편리하기 때문입니다. 그렇기 때문에 다소 가격대가 있더라도 역에 접근하기 좋은 곳에 있는 캥거루 주택을 얻는 것이 좋습니다.

주택단지의 경우 경사가 심하거나 대중교통을 이용하기에 불편한 경우가 있는데 이런 경우에는 세입자를 받거나 거래를 하기가 어렵습니다. 그렇기 때문에 조용하고 쾌적한 주택단지를 얻는 것은 좋으나 해당 주택의 입지조건이 어떤지를 냉정하게 따져보고 내가 세입자라면 과연 이러한 주택에 들어올 것인지에 대해 생각해보고 주택 분양을 결정하는 것이 좋겠습니다.

걸어서 버스정류장까지 가기 편하거나 자가용을 이용해 지하철까지 5분만에 도착할 수 있다면 더욱 좋습니다.

특히 임대이익을 고려하고 있다면 캥거루 주택 가격이 조금 나가더라도 세가 잘 나갈 만한 캥거루 주택에 투자하는 것이 맞습니다. 그렇지 않으면 원하는 때에 수익화하기 어렵기 때문입니다. 만약 적은 자금을 가지고 캥거루 주택에 투자해 전세 보증금으로 대출금을 상환하려는 계획을 세우고 있었다면 더더욱 그렇습니다.

원하는 시기에 세입자가 들어오지 않았다가 최악의 경우 중도금이나 잔금을 치루지 못해 손해를 보는 일이 생길 수 있기 때문입니다.

그리고 지역과 해당 지역에 거주하는 사람들의 특성이나 소득수준에 따라 원하는 평수나 선호하는 주택형태가 다를 수 있습니다. 그런 점을 미루어 보았을 때 캥거루 주택은 자녀가 있고 환경적인 측면에서 삶의 질이 높기를 원하는 사람들이 원할 수 있으니 이러한 점을 고려하여 입지가 적당한 캥거루 주택을 찾아야 할 것입니다.

예로 들어 대학가 주변이라면 상가주택이나 원룸 등이 적당할지 몰라도 캥거루 주택은 애매한 감이 있습니다. 그렇기 때문에 캥거루 주택을 분양하는 업체가 얼마나 캥거루 주택에 살고자 하는 사람들의 라이프 스타일을 잘 이해하고 있느냐도 중요하다고 볼 수 있겠습니다.

2. 누구라도 살기 무난한 건축설계와 인테리어

한때 땅콩 주택 열풍이 불던 때가 있었습니다. 한 토지에 두 채의 집을 지을 수 있고 일반 주택에 비해 저렴하게 건축할 수 있기 때문이었습니다. 하지만 주택이 저렴한 데는 다 이유가 있는 법입니다.

정해져 있는 자재를 주로 쓰기 때문에 저렴하고 내구도가 떨어지는 자재들을 사용하게 되는데, 그 결과 유지보수에 많은 비용을 들이게 되어 배보다 배꼽이 더 큰 상황이 벌어지게 됩니다. 오래 살수록 더 가치가 크게 떨어지게 되는 것입니다. 한정된 부지에 주택 하나가 들어갈 공간을 둘로 나누니 공간활용도도 떨어지고 붙어있는 집간의 소음문제도 발생합니다. 이런 경우에 한 집이 비어서 세입자를 받거나 매매거래를 해야 할 경우 좋아하면서 들어올 사람은 거의 없을 것입니다.

이러한 점을 미루어 보았을 때 캥거루 주택 또한 세입자를 원하는 때에 받기 위해서는 독립되어 다른 집에 영향을 크게 받지 않도록 설계되어야 합니다.

만약 3대 가족이 캥거루 주택에 살 때는 현관을 공유해도 상관없을 수 있겠지만 나중에라도 세입자를 들이고 싶다면 현관이 둘로 분리된 형태의 캥거루 주택을 얻는 것이 현명한 선택일 것입니다.

그리고 실험적인 구조의 캥거루 주택을 선택하는 것도 지양해야 합니다. 꼭 예술가가 지은 것처럼 굉장히 독특한 구조와 외관을 갖추고 있다면 호불호가 갈릴 수 있기에 세입자를 받는 데에 있어 어려움을 겪을 수도 있습니다.

지나친 개성 때문에 수익성이 떨어진다면 임대이익을 얻기 위해 캥거루 주택을 분양받는 의미가 없을 것이기 때문입니다. 그러니 기왕이면 너무 독특한 취향을 담기보다는 누구에게나 편리하고 수용될 수 있는 공간을 설계해야 할 것입니다.

주택의 설계구조 뿐만 아니라 또 중요하게 보아야 하는 것이 바로 인테리어입니다. 인테리어에 따라 집의 분위기가 달라지는데 이 인테리어 또한 누구든 거부감 없이 지낼 수 있도록 깔끔하고 무난하게 하는 것이 가장 좋습니다.

하지만 이렇게 무난하게 한다는 것이 전혀 미적 감각이 반영되지 않은 인테리어나 건축이라고 생각하면 곤란합니다. 캥거루 주택을 사더라도 실제로 거주할 실거주자의 입장에서 생각해 보며 이 정도면 나라도 살고 싶은지, 누구라도 살고 싶겠는지를 판단해 보며 잘 디자인된 주택을 선택하는 것이 좋습니다.

3. 캥거루 주택은 1주택 양도소득세를 내지 않아도 됨

캥거루 주택은 본인이 직접 거주하면서도 동시에 임대 이익을 얻을 수 있다는 장점이 있는데 단독주택에 두 가구가 거주하는 다가구주택이기 때문에 각 세대별로 따로 등기를 하지 않는다면 1주택에 해당합니다. 실거주하는 주택이기 때문에 캥거루 주택 외의 다른 주택이 없다면 1주택이 되는 것입니다.

이러한 경우에는 부모님과 함께 살 경우 양도소득세를 절감할 수 있으며 캥거루 주택을 다른 사람에게 팔 때 양도소득세를 내지 않아도 된다는 이점이 있습니다. 캥거루 주택을 보유하고 있으며 1주택에 해당하는 경우라면 2년 이상 가지고 있다가 캥거루 주택에 더 이상 살고 싶지 않아 팔려 하더라도 세금을 추가로 내는 부담 없이 매매를 할 수 있을 것입니다.

집값이 올라서 집을 팔았을 때 차익이 발생하는 경우 양도소득세를 내는 것이 원칙이지만, 1세대 1주택자라면 2년간 주택이 자기 이름으로 되어 있었을 경우 얼마나 거주했는지와는 무관하게 양도소득세 면제 대상이 됩니다. 그리고 일정한 요건이 충족될 경우 조건이 충족된 해당 주택을 소유 주택으로 취급하지 않는 경우도 있습니다. 그리고 3

년 이상 보유한 토지나 건물을 양도하려 할 경우 양도차익
의 일정 비율에 대해서는 공제를 받을 수 있기 때문에 이러
한 점을 잘 이용하여 세금 절감 또는 면제의 혜택을 꼭 활
용하여 캥거루 주택 거래 시 비용을 줄이는 것이 현명하다
할 수 있겠습니다.

13

친정엄마와 시어머니,
누구랑 살아야 할까요?

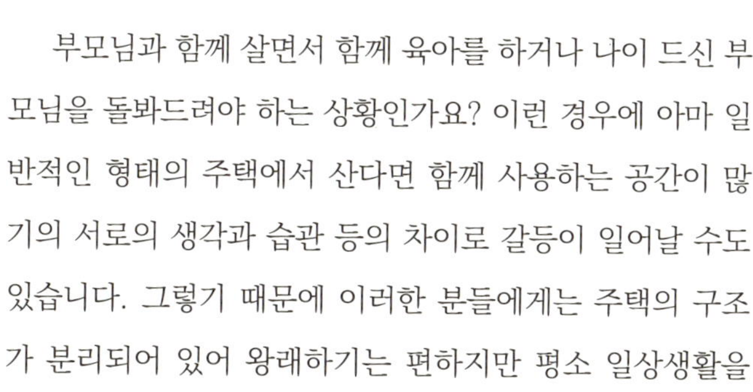

부모님과 함께 살면서 함께 육아를 하거나 나이 드신 부모님을 돌봐드려야 하는 상황인가요? 이런 경우에 아마 일반적인 형태의 주택에서 산다면 함께 사용하는 공간이 많기의 서로의 생각과 습관 등의 차이로 갈등이 일어날 수도 있습니다. 그렇기 때문에 이러한 분들에게는 주택의 구조가 분리되어 있어 왕래하기는 편하지만 평소 일상생활을 할 때는 서로를 보지 않고 독립적으로 지낼 수 있는 캥거루 주택을 추천해 드립니다.

캥거루 주택의 경우 일반적인 2가구주택에 비해 더 독립적인 구조로 설계되어 있지만 그래도 한 주택에 살다보면 마주치기도 하고 공유하는 공용공간이 있을 경우 하루 중 일정 시간을 함께 생활하게 되기도 합니다. 하지만 서로의 생활습관, 배경, 취미 등이 다른 경우가 많기 때문에 사소한 불편함에서부터 마찰이 생겨 서로가 불편함을 겪게 될 수도 있습니다.

더 심한 경우에는 갈등이 심화되어 관계가 악화되었는데 매일 집 안의 공용공간에서 마주쳐야 하는 남보다도 못한 존재가 되기도 합니다. 이러한 경우를 미연에 방지하기 위해 캥거루 주택의 설계부터 살펴야 할 필요가 있습니다. 캥거루 주택의 공용공간이 차지하는 비중, 배치 등만 잘 바꿔주어도 불화를 일으키지 않고 두 가구가 조화롭게 지낼 수 있습니다.

부모님을 모시고 살기에 캥거루 주택은 가장 최적화된 주택입니다. 부모님과 한 집에 살기 때문에 왕래하기 가까워 부모님을 자주 챙겨드릴 수도 있고 아직 어린 아이의 양육을 필요할 때마다 부모님께 부탁드리기가 용이합니다. 부모님의 입장에서도 항상 자녀의 안부를 가까이에서 확인할 수 있으니 든든하고 안심이 됩니다.

하지만 그러면서도 독립된 생활공간을 가질 수 있기 때문에 아주 사소한 부분에 대해서까지 간섭받지 않아도 된다는 큰 장점을 갖고 있습니다.

그런데 만약 양가 부모님 중 한쪽만 모시고 살아야 한다면 친정 부모님과 시부모님 중 누구와 함께 살아야 할까요? 분리가 잘 되어 있는 캥거루 주택의 경우 차를 주차하고 나면 현관이 두 개로 분리되어 있기 때문에 집에 들어서기만 하면 서로 왕래하지 않는 이상 얼굴을 맞댈 일이 잘 없습니다.

서로 원만하게 지낼 때는 함께 마당에서 3대 가족이 즐거운 시간을 보내거나 할 수 있지만 약간 불편한 상황이 있다면 굳이 얼굴보고 지내지 않아도 되고 어쩔 수 없이 대면을 해야 하는 상황이 없어지니 보고 싶지 않은 때 불편함을 느끼면서 마주치지 않아도 됩니다.

하지만 캥거루 주택을 매매하려 한다면 집의 설계를 잘 살펴 가족들의 동선을 미리 예상해보아야 합니다. 또 분리가 제대로 되어있지 않다면 양가 부모님 중 한쪽을 모시고 살 때 어떤 점을 염두에 두고 방을 활용해야 하는지에 대해서도 생각해 보아야 합니다. 현관이 어질러져 있다는 이유로 부모님과 싸우거나 냉장고 속 식재료 보관이나 냉장고 사용문제 같은 것으로 말다툼을 하다 사이가 나빠지는 경험을 하고 싶지 않다면 말입니다.

그렇다면 각 부모님과 함께 캥거루 주택에 산다면 어떤 점을 고려해봐야 할까요? 세 가지 경우로 나누어 살펴보도록 하겠습니다.

1. 시부모님을 모시고 사는 경우

시부모님을 모시고 살 예정이라면 일단 고부관계에서 일어날 수 있는 갈등을 최소한으로 줄이려는 노력이 가장 많이 들어가야 합니다. 그렇기 때문에 일반적인 다가구주택보다는 독립성이 높은 캥거루 주택에 사는 것이 가장 좋습니다. 현관, 욕실이나 주방, 거실 등을 공유하는 공용공간이 많다면 서로 사소한 부분에서부터 맞지 않는 것이 많아 불편해질 가능성이 높기 때문입니다.

그래서 시부모님을 모시고 살 예정이라면 미리 주택 설계도를 잘 살펴보고 시부모님과 얼마나 자주 마주칠 수 있는지, 어떤 공간이 공용공간이고 두 가구의 어떤 부분이 연결되어 있어 집 안에서도 쉽게 왕래가 가능한지 등에 대해 확실하게 체크해 보아야 합니다. 서로 원만하게 지내기 어렵거나 불편함을 느낀다면 최대한 많은 생활공간을 분리해야 할 필요가 있습니다.

2. 친정 부모님을 모시고 사는 경우

만약 친정 부모님과 살게 된다면 시부모님에 비해 훨씬

더 원만하게 지낼 수 있는 가능성이 높습니다. 남편은 처가의 관습이 자신이 살아온 환경과 습관과 차이가 있어 당황하더라도 그럭저럭 잘 적응해 나갈 것이고, 밖에서 일하면 집에서 지내는 시간이 길지 않아 긴 시간동안 친정 부모님과 남편이 어색하게 얼굴 맞대고 있을 시간이 적기 때문입니다.

그렇기 때문에 시부모님을 모시는 것에 비해서는 공용공간의 구조 등에 대해 크게 신경 쓸 필요가 없습니다. 다만 남편을 위한 작은 배려가 필요합니다. 작더라도 남편이 혼자 있을 수 있는 '피할 공간'을 만들어주는 것입니다. 아무리 사이가 좋은 가족이라도 계속해서 함께 있는 시간이 길어지면 남편도 피로감을 느끼게 되기 때문입니다. 그리고 만약 싸우거나 한 뒤에는 이런 개인적인 공간에서 시간을 보낼 수 있도록 배려해주면 좋을 것입니다.

3. 편부모님을 모시고 사는 경우

편부나 편모와 지낼 때는 어떨까요? 부모님들 중 한 분하고만 함께 살고자 한다면 구조설계를 직접 하여 2가구 주택을 건축하는 경우 사실상 1가구 주택의 구조에 방을 하나 더 추가하는 정도로 설계되기 쉽습니다. 하지만 이런 경우에는 부모님의 입장과 생활을 배려하여 주택을 짓기에 쉽지가 않습니다. 그러다보면 부모님의 영역이 점점 좁아지게 설계가 될 수 있는데 이렇게 될 경우 부모님의 삶의 질이 떨어질 수도 있습니다.

좁은 방 하나에 부모님의 짐을 모두 수납해야 하는 경우가 생겨 답답하게 만들 수 있으며 생활범위를 한정시키게 되기 때문입니다. 또한 부모님과 더 이상 함께 살지 않게 될 경우 그 좁은 생활공간에 새롭게 세입자를 들이기가 쉽지 않기 때문에 수익화하기가 어려워집니다. 그렇기 때문에 편부모님과 지낼 경우에 너무 부모님의 생활공간과 영역이 좁아지지 않도록 신경을 써야 합니다.

04

캥거루주택
투자법 Q&A

1. 캥거루주택 적은 돈으로도 투자할 수 있나요?

2. 세입자를 받으려면 주택임대사업자 등록을 하는게 좋을까요?

3. 캥거루주택 분양공고에 나오는 용어들의 뜻이 궁금해요

4. 캥거루주택 분양공고 어떤걸 꼼꼼하게 살펴봐야 하나요?

5. 어떤 지역의 캥거루주택을 분양받는게 좋은가요?

세입자를 받으려면 주택임대사업자 등록을 하는 게 좋을까요?

캥거루주택은 다가구주택에 해당합니다. 종전에는 다가구주택의 집주인이 해당 주택에 거주하고 있다면 이것을 임대주택으로 등록할 수 없었습니다. 그렇기 때문에 종전 법에 따르자면 캥거루주택에서는 주택임대사업자 등록을 할 수 없었던 것입니다.

하지만 국토교통부에서는 민간임대주택 활성화를 위해 임대주택 등록 요건이 기존보다 완화된 '민간임대주택에 관한 특별법' 시행령을 개정하였습니다. 해당 법은 1017년 7월부터 시행되었기 때문에 이제는 캥거루주택에 살더라도 집주인은 자신이 거주하는 공간을 제외하고 나머지 전부를 임대하는 경우라면 임대사업자로 등록을 하고 임대사업자 등록을 통한 혜택을 받을 수 있게 되었습니다.

임대주택으로 등록된 다가구주택은 임대의무기간이 부여됩니다. 대개 4년에서 8년 정도의 기간인데 이 기간에는 임대료 인상이 연 5% 이내로 제한되며 주택임대사업을 하게 되면 재산이 증가하여 의료보험료, 국민연금 등이 오를 수 있다는 단점이 있지만 그 대신 임대사업자가 됨으로써 얻을 수 있는 세제 혜택이 여러 가지 있습니다.

그리고 국토부에서는 관련법 개정을 통해 단기임대사업자가 장기임대로 전환하는 것과 미등록 임대사업자의 등록을 독려하고 있는 추세입니다. 차후에는 임대사업자 등록을 강제할 가능성도 있습니다. 아직은 임대사업자 등록이 의무 사항은 아니지만 차후 법률 개정의 가능성을 염두해 볼 때 미리 내 주택이 어떤 조건에 해당하며 어느 정도의 세제 혜택을 받을 수 있는지 알아두는 것이 좋습니다.

캥거루주택에 세입자을 들이려 하는 집주인 또한 법 개정을 통해 주택임대사업자 등록을 할 수 있게 되었습니다. 캥거루주택 집주인이 임대사업자 등록을 할 경우에는 다주택자가 아니기 때문에 이점을 볼 수 있는 부분이 있기도 합니다. 캥거루주택에서 임대수익을 얻을 경우 임대사업자 등록을 하면 혜택을 볼 수 있게 되는 세금들의 종류로는 다음과 같은 것들이 있습니다.

취득세

취득세는 보통세에 해당하며 세수에서도 큰 비중을 차지하고 있는 세금입니다. 일정한 자산의 취득이 있을 경우 부과되는 조세인데 여러 자산의 취득 중에서도 부동산에 대해서 또한 취득을 할 경우 그 해당 부동산의 취득자에게 취득세가 부과됩니다. 매매, 교환, 상속, 증여, 기부, 법인에 대한 현물출자, 건축, 개수, 공유수면의 매립, 간척에 의한 토지 조성, 원시취득, 승계취득 등의 모든 취득행위에는 지방세법에 근거하여 취득세가 부과됩니다.

하지만 주택임대사업자가 해당 주택을 최초 분양받은 시점으로부터 4년간 임대를 하였다면 취득세를 감면받을 수 있습니다. 감면되는 규모는 주택의 전용면적에 따라 다른데 전용면적 60㎡(약 18평) 이하의 주택이라면 취득세를 100% 감면받을 수 있습니다. 그리고 전용면적이 60㎡ 이상 85㎡ 이하일 경우에는 50%의 감면 혜택을 받게 됩니다. 단독주택 건설임대사업자 등록 요건이 완화됨에 따라 캥거루주택에서 임대를 하더라도 단독주택 1가구만 보유하고 있는 집주인도 임대주택 등록을 할 수 있게 되므로 취득세 부분에서도 혜택을 받을 수 있게 됩니다.

재산세

재산세 또한 취득세와 같이 보통세에 해당합니다. 토지, 건축물, 주택, 선박, 항공기 등의 재산에 대하여 부과되는 조세이며 이중 토지, 건축물, 주택에 대한 재산세의 과세표준은 지방세법의 제111조 제2항의 규정에 따른 시가표준액에 대통령령에서 정한 적용비율을 곱하여 산정된 만큼이 됩니다.이 재산세의 경우에도 누진세율이 적용됩니다.

하지만 임대사업자가 주택을 몇 채 갖고 있느냐에 따라 재산세 감면혜택의 여부가 달라집니다. 재산세를 감면받으려면 주거용을 제외한 임대주택을 2가구 이상 보유해야 하기 때문입니다. 또 전용면적이 60㎡(약 18평) 이하인 집은 재산세의 50%를 감면받을 수 있으며 전용면적 60㎡에서 85㎡(약 18~25평)인 주택의 경우 25% 만큼 감면받을 수 있습니다. 만약 전용면적이 85㎡를 초과하는 임대주택이라면 재산세 감면의 대상에 해당하지 않습니다.

양도소득세

양도소득세란 토지나 건물 등 고정자산의 영업권, 재산의 소유권 양도에 따라 발생하는 양도소득에 대해 부과하는 조세를 의미합니다. 만약 공시가격 6억원 이하의 주택을 1채 이상 5년 동안 임대를 하게 된다면 양도소득세의 과세 대상에서 제외됩니다. 그리고 장기보유특별공제에 해당하여 최대 40%까지 혜택을 받을 수도 있습니다. 만약 공시가격 9억원 이하의 주택이 있는데 임대사업자 자신이 살고 있는 주택이라면 2년 이상 보유하면 해당 주택에 대해서 양도로 인한 소득이 발생하더라도 양도소득세를 내지 않아도 됩니다.

소득세

여기에서 언급하는 소득세는 개인소득세를 지칭하며 직접세에 해당합니다. 소득세법 제1조에 따라 거주자와 비거주자는 소득세를 납부할 의무를 집니다. 거주자의 경우 모든 소득에 대해 과세를 하고, 비거주자는 국내 원천소득에 대하여만 과세를 하게 됩니다. 일정 기간에 발생하는 소득을 그 종류에 관계없이 모두 합산한 종합소득에 대해 종합과세를 하는 것이 원칙적입니다. 그렇다면 임대주택사업자의 경우 소득세에 있어서 어떤 세제혜택을 얻을 수 있을까요?

만약 전용면적이 85㎡ 이하로 공시가격이 6억 원 이하인 소형 임대주택에 해당한다면 여기에서 나오는 월세나 전세보증금에 대해서는 소득세과세 대상에서 제외됩니다.

종합부동산세

종부세라고도 불리는 종합부동산세는 부동산 과다 보유자에 대한 과세를 강화하고 부동산 투기를 억제하기 위해 도입된 제도입니다. 지자체에서 부과하는 종합토지세 외에 일정 기준을 초과하는 토지라던지 주택을 소유한 자에게 별도로 누진세율을 적용하는 것입니다.

주택의 경우 종부세는 기준시가 6억 원 이하인 주택의 경우 0.5%, 6억에서 12억 원 이하인 주택의 경우 0.75%, 12억에서 50억 원 이하인 주택은 0.75%, 50억에서 94억 원 이하인 주택의 경우 1.5%, 94억 원을 초과하는 주택은 2.0%의 세율이 적용됩니다. 누진세이다 보니 주택의 기준시가가 높으면 높을수록 더 높은 과세율이 부과되면서 세금을 더 많이 내게 되는 것입니다.

하지만 임대주택을 보유하고 있는 임대사업자의 경우 이 종합부동산세 합산 대상에서 제외됩니다. 간단히 말하자면 종합부동산세를 내지 않아도 되는 것입니다. 공시가격이 수도권 기준 6억 원 이하이거나 지방일 경우 3억 원 이하이면서 5년 이상의 임대 요건을 모두 갖추었다면 종합부동산세를 부담할 필요가 없습니다.

캥거루주택 분양공고에
나오는 용어들의 뜻이 궁금해요

주택 분양공고에는 해당 주택을 분양받고자 하는 사람들에게 주택에 대한 정보를 사실대로 제공하는 내용들이 담겨 있습니다. 대체로 분양공고라고 하면 아파트 분양공고인 경우가 대부분이지만 타운하우스나 단독주택 단지와 같은 경우에도 분양공고를 하고 있습니다. 그렇기 때문에 캥거루주택이 포함되어 있는 단독주택 단지를 분양받고자 하는 분들은 이러한 분양공고에 나와 있는 정보를 꼼꼼히 확인해 본다면 좋겠습니다.

분양공고는 분양광고와는 차이가 있기 때문에 이러한 차이점을 잘 구별하고 있어야 합니다. 분양광고는 사람들의 관심을 끌기 위해 어느정도 과장이 들어가기도 하고 이미지에서 보여지는 것이 실제 건축물과는 차이가 있을 수도 있습니다. 또 내부 인테리어의 경우에도 옵션으로 선택하게 되는 것이 대부분이기에 내가 입주하여 살게 될 집과 똑같을 것이라고 생각하면 곤란합니다. 하지만 분양공고는 객관적인 수치와 지표를 공개하고 있으며, 주택공급에 관한 규칙에 따라 해당 주택에 대한 정보를 자세하게 파악할 수 있도록 입주자를 모집할 때 다양한 곳에 이러한 분양공고를 하게 되어 있습니다. 분양공고는 관할 시·군·구 홈페이지나 부동산거래 사이트, LH공사 홈페이지, 일간신문 등에 게재하게 되니 자주 살펴보며 나에게 맞는 주택의 정보를 평소에 파악해 두는 것도 좋겠습니다.

그렇다면 분양공고에 나오는 용어를 미리 확실하게 알아두고 있으면 좋을 텐데요, 일단 분양공고가 어떤 형태로 되어 있는지부터 확인해 보고 각 용어들의 의미를 정리해 보도록 하겠습니다. 해당 용어들 외에도 주택단지의 특성에 따라 다양한 설명과 옵션, 주의사항 등이 기재되어 있기 때문에 그러한 내용들도 꼼꼼히 살펴 나에게 맞는 주택인지를 파악해 보는 것도 좋겠습니다.

〈분양공고 이미지 첨부〉

구분

구분에는 크게 공공주택과 민영주택으로 분류하여 표기합니다. 공공에서 공급하는 공공주택이라면 공공주택, 민간건설사에서 공급하는 민영주택이라면 민영주택이라고 적혀 있습니다. 캥거루주택을 분양받고자 한다면 아마도 민영주택에 해당할 것입니다.

주택형

주택형에는 ㎡ 단위가 붙어 있는데, 이것은 주거전용면적과 주거공용면적을 더한 면적을 의미합니다.

세대별 공급면적

공급면적은 주거전용면적과 주거공용면적으로 나누어지는데, 세대별 공급면적은 이 주거전용면적과 주거공용면적을 더한 면적을 의미합니다. 그렇기 때문에 주택형에 기재된 면적과 일치합니다.

세대별 전용면적

각 세대만 사용하는 전용면적을 의미합니다. 집 안의 거실, 주방, 화장실, 안방 및 작은방 등의 면적을 합친 것이 세대별 전용면적입니다. 이때 베란다는 서비스 면적에 해당하기 때문에 세대별 전용면적에 포함되지 않습니다. 해당 면적이 청약하고자 하는 주택의 전용면적이 됩니다.

세대별 주거공용면적

주거공용면적은 2세대 이상이 공동으로 사용하게 되는 계단, 엘리베이터, 복도 등의 면적을 더한 것입니다. 만약 두 주택을 비교해 보았을 때 세대별 공급면적은 같은데 주거공용면적이 적다면 그만큼 해당 주택의 세대별 전용면적이 더 넓어 주거공간을 더 잘 활용할 수 있을 것입니다. 하지만 커뮤니티적인 시설이 없거나 세대가 완전히 분리되어 있는 단독주택단지의 경우 주거공용면적이 나오지 않을 수도 있습니다.

기타공용면적

여러 세대가 공동으로 이용하는 곳의 면적을 기타공용면적이라고 합니다. 주거공용면적과 달리 기타공용면적에는 여러 세대가 공동으로 이용할 수 있도록 조성된 정원, 놀이터, 노인정과 같은 편의시설이 포함이 되며 경비실, 관리실, 기계실 등의 면적이 포함되어 있습니다. 해당 기타공용면적이 넓을 경우 이러한 시설들이 다양하게 갖추어져 있거나 시설들의 면적이 여유롭게 책정되어 이용하기 편리하고 쾌적하다는 장점이 있습니다.

세대별 계약면적

주택 분양을 하는 업체에서는 이 면적을 가지고 주택 분양가를 산정하게 됩니다. 세대별 전용면적, 세대별 주거공용면적, 기타공용면적, 지하주차장 면적을 모두 더한 것이 세대별 계약면적에 해당합니다.

대지지분

전체 단지의 대지면적을 세대수로 나눈 것을 대지지분이라고 합니다. 각 평형별로 갖게 되는 대지의 면적을 의미하는데 만약 재개발이나 재건축을 하게 될 경우라면 대지지분이 많을 때 평가금액이 이에 비례해서 높아지게 됩니다.

세대별 분양가격

세대별 공급 금액을 나타내는 것인데 이것은 단지 내에서도 조금씩 차이가 있을 수 있습니다. 여기서 세대별 분양가격을 볼 때 주의할 점은 해당 금액만이 전체 지출 비용은 아니라는 점입니다. 분양가격에는 취득세나 소유권을 이전하는 데 드는 비용 등 기타 지출해야 하는 비용들은 포함이 되어 있지 않기 때문입니다. 따라서 입주를 할 때 이 세대별 분양가격 외에도 별도 비용이 있음을 염두에 두어야 할 것입니다.

대지비

세대별 대지지분에 대한 가격을 대지비라고 합니다. 하지만 대부분의 경우 주택 거래 시 세대별로 대지에 대한 지분만을 사고팔지는 못합니다.

건축비

해당 주택을 짓는 데 들어간 비용이며 세대별로 들어간 공사비를 기재합니다.

계약금

주택 계약을 할 때 지불해야 하는 금액이며 대부분 분양가격, 즉 주택 공급 금액의 10% 정도를 계약금으로 지불하게 됩니다. 하지만 이것은 절대적인 비율은 아니고 분양이 어느정도 진행되었느냐에 따라 계약금을 다르게 받는 경우도 있습니다.

중도금

계약금을 낸 뒤 주택 분양가의 잔금을 한 번에 내기는 액수가 크고 어렵기 때문에 그렇기 때문에 중도금을 내게 됩니다. 금액을 중간마다 나누어서 지불하는 것입니다. 미리 중도금을 내는 날짜와 횟수를 잘 확인하고 챙겨두는 것이 중요합니다. 그렇지 않으면 차후에 중도금 지연을 이유로 이자를 추가적으로 부담해야 할 수 있기 때문입니다. 그리고 중도금을 대출받아야 할 경우에는 대출조건을 잘 살펴 무이자 중도금대출이 가능한지도 확인해 보는 것이 좋습니다.

잔금

주택을 분양받기 위해 내는 분양금액 중 가장 마지막에 최종적으로 지불하는 금액을 잔금이라고 합니다. 계약하고 분양을 받은 내 주택에 입주를 하려면 잔금을 꼭 내야 합니다. 잔금을 제때 내지 않으면 그에 따른 연체이자를 지불해야 하기 때문입니다. 연체이자의 이율은 꽝장히 높은 편이기 때문에 잔금을 납부하는 기한을 잘 맞추는 것도 불필요한 비용을 낭비하지 않는 방법입니다.

캥거루주택 분양받기 전에
어떤 걸 꼼꼼하게
살펴봐야 하나요?

아직 캥거루주택을 분양하는 곳은 많지 않습니다. 하지만 직접 캥거루주택을 건축하기 어려운 상황이라면 캥거루주택을 분양하는 주택단지를 찾아보는 것도 좋은 방법이 될 수 있겠습니다. 이러한 캥거루주택의 분양을 원한다면 어떤 점을 자세히 살펴보고 계약을 해야 하는지에 대해 알아보도록 하겠습니다.

먼저 분양공고를 보면서 자세한 내용들을 숙지하고 있어야 합니다. 기본적으로 해당 캥거루주택의 위치도 중요하다 할 수 있습니다. 실제로 거주할 곳이지만 아무래도 임대수익을 활용해 내 돈을 적게 가지고도 주택을 분양받고 싶거나 차후 꾸준히 월세수익을 내고 싶다면 세입자의 입장에서도 살기 좋은 곳인지를 살펴야 합니다. 이 캥거루주택의 위치를 선정할 때 어떤 곳이 좋은지에 대해 판단하는 방법은 뒤에서 공개하도록 하겠습니다.

그리고 추가로 살펴보아야 할 것은 캥거루주택의 공급규모입니다. 아파트의 경우 소규모 단지는 투자 가치가 떨어지지만 캥거루주택 단지의 경우 캥거루주택이 너무 많이 모여 있는 것은 좋지 않습니다.

그렇기 때문에 단지 내 캥거루주택의 공급 규모도 잘 살펴 결정해야 합니다. 그리고 분양계약에 대한 조건을 살펴야 합니다. 계약금이나 중도금 지급이 늦어질 경우 지연 이자율이 어떻게 되는지, 계약을 해지하거나 기타 상황에서 어떻게 처리되는지 등에 대해서 잘 파악하여 손해 보는 일이 없도록 해야 하기 때문입니다.

분양공고를 통해서 지불해야 하는 금액들의 액수와 납부기한에 대해서 꼼꼼히 확인해 보는 것도 중요합니다. 계약과 청약 관련해 구비서류 목록을 잘 확인하여 차질이 없도록 해야 할 것입니다. 그리고 입주예정일을 확인하여 이사 날짜와 세입자가 들어오는 날을 미리 계획하여 진행하면 좋습니다. 또 중도금과 잔금은 언제 치르고, 중도금 횟수가 어떻게 되는지 체크하여 차후 지연이자를 내지 않도록 방지해야 합니다.

만약 중도금을 대출해야 한다면 대부분 시공사나 시행사와 연계되어 있는 은행에서 대출을 받게 됩니다. 그렇기 때문에 계약하기 전에 어느 은행과 연계되어 있는지 확인하고 대출 한도와 이자를 꼼꼼히 체크해 두어야 합니다.

여유자금이 부족하여 중도금을 정해진 날에 내지 못하고 연체하게 된다면 연체된 기간에 따라 11% 내지 15%까지도 연체이자를 물어야 할 수 있기 때문에 미리 중도금 대출을 받아 연체이자를 내는 상황을 방지하는 것이 좋습니다.

전월세 임대를 주거나 부모님과
따로 또 같이 사는 건물주형

캥거루 주택 투자법

초판 1쇄 인쇄: 2017년 10월 10일
초판 1쇄 발행: 2017년 10월 20일

발행처: 부동산연구회
이메일: lye98711@naver.com

ISBN: 979-1196-107475
가격: 9,900원